三戸政和

サラリーマンは300万円で小さな会社を買いなさい 会計編

JN231180

講談社+α新書

はじめに

２０１８年4月、Ｗｅｂメディア「現代ビジネス」のコラムに端《たん》を発して出版となった私の初めての著作『サラリーマンは３００万円で小さな会社を買いなさい――人生１００年時代の個人Ｍ＆Ａ入門』（講談社+α新書）は、出版社と私の想像をはるかに超える売れ行きで、発売から６ヵ月で累計13万部超のベストセラーとなりました。

なにより嬉しかったのは、私の前著を読んで、実際に個人で**企業M&A**を決心する方が次々登場したことです。たとえば、新卒2年目、25歳の青年サラリーマンＭさんは、勤めていた大手企業をやめて、超長期のローン（＝低リスク）なども活用しながら３０００万円の資金を調達し、会社を購入しました。そして、驚くべきことに、社長就任から２ヵ月で月商は２・５倍に増えたそうです。

また出版後、「会社を買いたい」という方が増えるとともに、「具体的には、どのように動けばいいのか？」という質問を多く受けるようになりました。そこで、「サラリーマンが３００万円で小さな会社を買うサロン」という事業承継のコミュニティサロンをＤＭＭオンラインサロンの中につくりました。

サロン会員の方向けの非公開のFacebookグループを会話の場とし、月1回開催のリアルな勉強会を組み合わせ、企業探しから選び方、**デューデリジェンス**（**Due Diligence**：投資対象となる企業や投資先の価値やリスクなどを調査すること）、交渉、買収まで、実際にＭ＆Ａをサポートしていく超実践型サロンです。

こちらは、開設３ヵ月で参加者が１００人を超え、本書執筆時では１３０人を突破しています。実際に会社を買った人が出たり、サロン会員同士で「会社を買うための会社」を設立したり、事業承継を円滑に進めることができるＮＰＯを設立したりと、さまざまな動きが生まれ始めています。

しかもすごいことに、２０１８年12月入会のサラリーマンが、年が明けた1月に早くも会社を買いました（事業譲渡方式）。

日本の中小企業は、これから10年間で１２６万社が廃業し、その影響で６５０万人もの雇用が喪失していくとも言われる「**大廃業時代**」に突入しました。

これを解決するために、サラリーマンが引き継いで経営していけばいいという私の提案が多くの方の賛同を得て、問題解決の序章が始まったことは嬉しく思います。先のオンラインサロンが、シリコンバレーにベンチャービジネスの生態系をつくったスタンフォード大学のように、日本における事業承継の中心的存在になれば、これに勝る喜びはありません。

一方で、Amazon の書き込みや、Twitter、Facebook などを通じて、たくさんのご質問、疑問、無用な心配の声が私のところに届きました。

要約すると、およそ次の２つの意見に大別できます。

①３００万円で買える会社があるはずがない

確かに、後継者不足で会社を売りたがっている中小企業がたくさんあるかもしれないが、いくらなんでも３００万円でまともな会社を買えるわけがない。三戸は嘘をついている。

②会社の選び方がわからない（だまされるはず）

３００万円程度のお金は用意できるが、どうやって会社を選んだらいいのかがわからない。三戸はプロだから目利き（デューデリジェンス）ができるが、素人には不可能だ。落ち目の会社を買ってしまって悲惨な目に遭《あ》うのは目に見えている。

この2つの疑問を受けて私が感じたのは、わからないことをわかろうとせずに、その知識不足を認めず、「(的外れな)批判」をすることで自己防衛をしたい人が多い――ということでした。

「300万円で会社が買えるか」については、基本的な会計の知識を持てば、「できる」ということがわかります。

また、「会社の選び方がわからない(だまされるはず)」という方は、「自分の知らないことはすべてが悪」と言っているのと同じです。

端的に言うと、会社を買うのとマンションを買うのは、基本的な考え方は同じです。マンションを買うのに「だまされるからやめておけ」と言う人はいませんよね。

マンションを買おうと思えば、どんな物件がいい物件なのか調べるでしょうし、エリアごとに物件を見比べるでしょう。そのうちに「これはいい物件じゃないか」という候補が自然に出てくるはずです。

最初からマンションの買い方がわかっている人はいません。営業マンに教えてもらいながら、ローンを組んで買うでしょう。このように理解を深めていけば、マンションを買うことは「だまされること」ではないとわかります。マンションの場合は、周りに買っている人が多く、世の中的にもマンションを買うことが「普通のこと」だという価値観があるから、最初の壁となる「知らないこと」が存在しないだけなのです。

大廃業時代においては、会社を買うことがひとつの社会貢献になります。そして、実際にやってみればそんなに難しいことではないと「知る」ことができます。このような流れで会社を買うことが一般的になれば、マンションを買うような感覚で会社を買う人が増えていくようになるでしょう。


「知る」ことを助ける会計の本も、M&Aの本もたくさん出版されているのに、なぜ多くの人が、会社を買うことに対して〝怖がって手を出せない〟状態にあるのでしょうか。考えてみたのですが、結論としては、「本に書いてある内容が難しすぎるからでは？」ということに行き着きました。

会計については、特殊な概念や専門的な用語が多く、平易に語るのが難しいことが原因かもしれません。M&Aについては、小難しく表現して「会社を買うハードル」を上げることが、各専門家の営業につながるためなのではないのか？　と思ってしまいます。

そこで本書は、「会社を買うため」に〝特化した〟必要最低限の会計の知識を〝誰でも〟わかるようにお伝えしていきたいと思っています（そのため本書の3分の1は、会計用語を使わずに会計の説明をしていきます）。

ただ、会社を買うために特化した会計学の本といっても、会社を買えばそのあとの経営を担うことになるので、事業運営を行ううえで必要最低限な知識（会計の体系的な理解と重要なポイント）までカバーします。

中小企業を買って経営するのは、ビジネスの基本をすべて学ぶに近いことです。よって、この本に書かれているのは、世のビジネスマン全員にとって必要な会計知識だと言えます。ビジネスマンとして必要な会計思考を身につけてもらうのが目的であって、逆に言えば、ここに書いていない会計の知識は、専門家（税理士や公認会計士）にその都度聞けばいいレベルであるとお考えください。そのくらい洗練して会計をお伝えします。

まず、会社を買うために必要なのは「**値付け**」です。前著にも記しましたが、会社の価値は「**純資産＋営業利益3年から5年分**」が相場です。そこで序章では、この「**純資産**」と「**営業利益**」について説明します。この章で、ビジネスに最低限必要な会計の体系的な理解ができるはずです。

次に企業のチェックポイントは、「**資金繰り**（**キャッシュフロー**）」です。

Twitter で、「営業利益」と「営業キャッシュフロー（CF）」の違いが説明できるかフォロワーにアンケートを取ったところ、半数以上が「説明できない」という回答でした。ビジネスにとって、キャッシュフローは絶対的な生命線です。これを多くのビジネスマンが理解すれば、国家全体の底上げにつながるのではないかと思うくらいです。

テレビドラマ「半沢直樹」の冒頭、町工場を経営する主人公の父が、メインバンクの融資引揚げによって資金繰りに行き詰まり、自死したシーンを鮮烈に覚えている方は多いのではないでしょうか。「晴れた時に傘を貸し、雨が降ったら傘を返させる」とも言われる銀行ですが、実際の企業経営においても同様のことは起こりえます。

「黒字倒産」という言葉もあるように、事業の良し悪しとは関係なく、資金が詰まれば経営破綻《はたん》します。時に、業容が拡大すればするほど資金が行き詰まって倒産することもあるのが会社です。

資金繰りに詰まって突然死しないためには、十分な血液（資金）を循環させておく必要があります。あるいは、いつでも銀行から輸血できるように準備しておくことです。そのためには、常に借り入れをしておくことが重要なのですが、詳細は第3章をご覧ください。

「借入金」に慣れていないサラリーマン的な感覚からすると、「借入金は良くないもの」との印象をお持ちかと思います。しかし、こと企業経営において借入金は高評価すべきものでもあります。

これを体現しているのが、ソフトバンクの孫正義会長でしょう。ソフトバンクグループ（持ち株会社）は、携帯事業を運営している子会社のソフトバンクを2018年12月19日に上場させました。国内では過去最大の2・6兆円を調達し、初値を基に計算した時価総額は約7兆円にのぼります。

しかし、12年前の2006年に携帯事業の母体となるボーダフォン日本法人を買収した時の金額は、1兆7500億円でした。しかもソフトバンクが買収の自己資金として出したのは、たったの3200億円で、残りの1兆4300億円はすべて借入金でまかないました。そして、12年の時を経て、株式市場に上場させることで新規の株式発行を行い、2・6兆円の現金を調達することになりました。簡単に言えば、3200億円出して2・6兆円が手に入ったということです。そのうえ、株式もまだ保有しています。

この錬金術《れんきんじゅつ》のような手法は、いったい何でしょうか。

答えを先に言ってしまえば、銀行からの借入の方法と使い方（間接金融の市場）と、株式会社の概念と証券市場（直接金融の市場）に精通しているからです。孫さんが、ただ事業センスがあるだけの経営者であれば、ここまで大きな資金を摑《つか》んで投資し、リターンを出すことはできません。日本でもっともファイナンスに精通した経営者であるがゆえにできたことなのです。

最近、ホリエモンこと堀江貴文さんが「現代ビジネス」に寄せた「みんな『お金』のことを勘違いしていないか？」というコラムで、「お金は爪切り」と表現していました。

そのコラムには、講演会で聴衆から「お金は好きですか？」と聞かれた時、「自分にとってお金は、爪切りと同じです。爪が伸びたら使う道具。必要なときに、必要なことをしてくれる道具に過ぎません。僕からすると、『どうして爪切りが好きなんだ？』と質問しているように聞こえます。答えようがありませんよね」と回答したエピソードが綴《つづ》られていました。

堀江さんの言う通り、お金はただの道具です。堀江さんはさらに述べます。

「お金の本当の本質は『信用』だ。お金は、信用を数値化したものにすぎない。物を手に入れる、人に貸す、ビジネスを進めるなど、必要な求めに応じてくれる信用を、国家が数値で保証している。流通しやすいよう一応、紙幣や硬貨としては存在するが、ただの紙であり、ニッケルや亜鉛に過ぎない。（中略）だから好きかどうか、という問い自体がおかしい。形のない、曖昧な概念の信用に対して、好きも嫌いもないだろう」

「そういった基本的な概念は、簿記や会計を学べばすぐわかることなのだけど、ほとんどの人は教わる機会も、教わろうという気もない。残念なことだ」

つまり、**借入ができるのは、その人に信用があるから**です。

同じ年収のサラリーマンで、貯金がある人と、貯金どころか借入のある人がいた時に、前者は良くて、後者は悪いという風潮がありますよね。しかし、この両者は、どちらが幸せな人生を歩んでいると言えるでしょうか。

お金の使い方によりますが、良い使い方をしているならば、私は、借入のある人のほうが幸せだと思っています。なぜなら、信用があることはもちろん、たくさんの経験をそのお金で買うことができているからです。貯金をしている人は、私に言わせれば、お金を塩漬けにして、得られるはずの経験を見送ってきた人なのです。

ちなみに私自身は、稼いだお金をすべて何かの体験に使っているため、貯金はまったくありません。

このあたりは、会社を買って資本家になる「資本家マインドセット」としても、とても重要な概念になりますので、第3章の「**IRR（内部収益率）**」のところで説明します。

借入金のリスクの話に戻ると、今は、「**経営者保証に関するガイドライン**」というものが制定されています。会社の借入金が返済できなくなっても、経営者がドラマ「半沢直樹」の主人公の父のように自死に追い込まれるようなことはなく、一定の要件を満たせば、自己破産すらしなくてもいいようになっています。このように、銀行とのおつきあいや資金繰りの流れ、借入金をうまく使う**「レバレッジ」**という考え方を理解しておくことは重要ですので、第3章に詳しく述べます。

また、**「マルチプル（倍率）」**という考え方も説明します。前著で、会社を買う目安として「純資産＋営業利益3年から5年分」が相場とお伝えしましたが、なぜ3～5年分なのか？　と疑問を持たれた人も多いと思います。10年分、はたまた、1年分ではないのか。実は、3～5年というのはあくまで目安で、業種業態によっても変わってくる点は注意が必要です。

2017年、DMM.com（以下、DMM）が質屋アプリ「CASH」を運営するバンクを70億円で買収しました。創業8ヵ月、従業員たったの6人の小さなスタートアップです。その金額の根拠は売り手側の「言い値」とDMMの片桐孝憲社長が言っていますが、なぜそこまでの値段が付いたのでしょうか。

それは、こうしたインターネット系のビジネスは、すぐに多額の利益を生み、大きなリターンを見込めるからです。たとえば、リクルートが2012年に買収した「indeed」。「仕事探しは、indeed、バイト探しも、indeed」のテレビコマーシャルでおなじみですが、「人材広告の

Google」と呼ばれるくらい、世界的に驚異的な躍進を遂《と》げています。

実は、買収した2012年の売り上げはたった156億円。リクルートは1000億円の金額で買収を行い、売上高に対して6・4倍の買収額だったため、感覚的には「とても高い」投資案件に見えました。当時、リクルートは株式上場をしていなかったので、投資家への説明責任がそこまで必要ではなかったことから成し得た案件だったと思うくらいです。

ところが、2018年3月期決算の売上高は2185億円となり、買収額をゆうに超え、売上高の0・45倍です。買収時から売上は14倍となり、年間の成長率は55％です。

また、税金を払ったあとに入ってくる現金は、214億円くらいと概算されます（リクルートの2018年IR資料を参考に、**EBITDA**〈第1章参照〉306億円に法人税率を30％と仮置きし、単純計算）。買収時にリクルートが投じた1000億円は、数年で回収し終わるどころか、今後の年率約50％の成長を考えると莫大なキャッシュを生む**ホームランディール**（**大成功案件**）となっているのです。

このようにインターネットビジネスは、急激な成長や高い利益率のため、対象となる会社の売上高や利益に対しての買収金額の倍率（マルチプル）が高いと言われています。投資額に対して、すぐに回収できる可能性が高く、それ以上に莫大なリターンが見込める可能性があるからです。

ＤＭＭもＣＡＳＨの将来性を見込んで、売り上げや利益に対して高いマルチプルで買収したのでしょう。ただ、残念ながら、期待通りの成果が得られないと判断したＤＭＭは、１年で25億円で創業者に売却することになりました。ＤＭＭとしては45億円の損です。一方で、会社を売却後に買い戻したＣＡＳＨの創業者は、45億円の現金を一瞬で手に入れたことになります（詳細は開示されていないので報道ベースでの推察です）。

このあたりの株価が形成される根拠や将来の成長を、買い手として理解できるか、売り手としては説明できるかで、会社の値段は大きく変わってきますから、マルチプルの考え方は非常に重要です。

それでは、３００万円で会社を買うために知っておきたい会計学を学ぶ旅に出ましょう！

◉目次

第1章　最低限これだけは知っておきたい会計知識

第2章　「危ない会社」を見抜くには？

第3章　「儲かる会社」をどうやって見つけるか

第4章　賢い会社の買い方

序章　だまされない数字の見方

■大手企業を辞めて25歳で町工場を買った若者のストーリー

「学生時代からいつか独立したいと思っていましたが、起業の難しさはわかっていたので、なかなか踏み出せなかった。選択肢はないかと思っていたところに、『会社を買って、経営者になる』という方法があることを知り、熟考の末、思い切って会社を買うことにしました」

こう語るのは、25歳のMさん。なんと、大学卒業後、約1年半勤めた大手メーカーを退社し、京都の町工場を買って社長に就任したという。

現在、日本の中小企業126万社が後継者不在に悩んでおり、「大廃業時代」を迎えようとしている。そんな時代に、ネットを通じて全国から後継者を探すことが可能になった。近年賑わいを見せる「企業売買（M&A）仲介サービス」の中には個人でも利用できるものがあり、条件さえ整えば、個人でも会社を購入することができる。Mさんもそうしたサービスを利用し、25歳の若さで会社経営者となったのだ。

「新聞などの報道で、後継者がいないために廃業せざるをえない中小企業が増えているということ、そうした会社の売買の仲介を行っている会社があることは知っていました。

とはいえ、実際に会社を買うにはどうすればいいのかはわからない。そのメソッドを知りたいなと思っていたところに、『サラリーマンは300万円で小さな会社を買いなさい』という本に出会いました。この本を読んだことで、『会社を買う』という選択肢がより現実的なものになったんです」

読み進めると、「自分で起業するよりは、会社を買うほうが成功する確率は高いし、日本の優良な中小企業を救うためにも、有能なサラリーマン諸氏は会社を買うという選択肢を持つべきだ」と、個人によるM&Aのダイナミズムを説いているうえ、売却を希望している会社の探し方や、会社を買うための「お金の集め方」についても記述があり、「実際に会社を買いたい」と考えていたMさんには非常に参考になったという。

「大手メーカーで働く中で、後継者問題に悩む中小企業が多いことを肌で感じていたので、優良な中小企業が売却先を探しているということも理解できました。そこで実際に売りに出されている会社を探そうと、M&A仲介サイトを見たところ、この会社が売りに出ていたんです。

製造業は、私にとって土地勘のある業種です。希望価格は3000万円。お金のことはあとで考えるとして、まずは社長とお話しをさせてもらえないか相談をしました」

創業30年になる金属加工会社。従業員は5人と少ないが、大手メーカーとの取引は安定しており、毎年まとまった額の利益を出してきた優良企業である。この会社もやはり、後継者不在に悩んでおり、社長が70歳を迎える頃に会社の譲渡を検討。会社を買ってくれる人＝後継者を探すことにしていたという。

その出会いを、Mさんが振り返る。

「後継者を探しているといっても、まさか息子より若いやつが来るとは思わなかったでしょう。最初は少し困惑していたようでしたが、私が冷やかしで来ているわけではないことがわかると、熱心に会社の事業内容や取引先について、さらには財務状況について教えてくださいました。社長の話を聞く中で、『ああ、ここは本当に素晴らしい会社で、まだまだ伸びる余地があるな』と思うようになったんです。

いちから取引先を開拓するベンチャーと違って、すでに大手メーカーとの付き合いがあった。それなら自分が経営を引き継いでも、よほどのことが起こらない限りは、経営はうまくいくと思いました。工場は雑然としていましたが、逆に言えば、それらを整理して製造工程を見直せば、まだまだ効率化ははかれる――つまり、まだまだ売り上げを伸ばせるな、と確信しました」

問題は資金をどう工面するか、だ。３０００万円は、会社を買うと考えればけっして高額ではないが、25歳の若者にしてみれば大金だ。

Mさんと銀行をつないだ税理士は振り返る。

「銀行の方々も驚いていましたが、彼らもこのまま後継者問題で廃業になるのはよくないことだと認識していたのでしょう。『創業融資』（簡潔に言うと、会社の新規事業を支援するために、低金利で融資する制度）のような形で融資してもらうことになりました。Mさんがつくった事業計画書が、『今後はこういう取引を増やしていく』『この部分の無駄なコストが削減できるので、収益は改善する』などと、経営のポイントをしっかり押さえたものだったので、評価されたのだと思います」

経営は順調なのか。返ってきたのは意外な答えだった。

「それまでの月商は約250万円ほどでしたが、社長になって2ヵ月で400万円近くまで伸びました。銀行から借りたお金は十分返していく自信がありますので、おかげさまで現在のところ経営は順調です」

短期間でなぜ、そこまで売り上げを伸ばすことができたのか。

「大企業ならやっている当たり前のことを、当たり前に進めていっただけです。もともと伸びしろがある会社で、取引先からは『もっと取引量を増やしたい』という要望がありましたし、新たな取引先を開拓する余地もあった。社長が高齢で、また、従業員の数も少なかったので、あえて仕事の量をセーブしていたところがあったんです」

Mさんは新しく人を雇い、発注の増加に応じられるようにした。相場よりも少し高めの給料を設定して募集をかけたら、とても経験豊かで有能な職人さんが来てくれ、生産量が劇的に上がったという。

また、全体のコストや納入の管理も徹底して行った。利益率は大きく改善され、また、事業承継し、新生なった会社を、従来の取引先が積極的に支援してくれたとMさんは感謝する。

最後にMさんは思いを語った。

「大手メーカーで働いていた時に、日本の産業を支えているのは小さな町工場であることに気づきました。これまで日本を支えてきた中小企業が、『後継者がいないから』という理由で廃業してしまうのは、この国にとっても良くないことだと思います。私自身が成功することで、中小企業の事業承継を具体的な選択肢の一つとして考えてくれる方々が増えればいいなと思います」

大廃業時代に、数多《あまた》の中小企業が後継者を探しているということは間違いない。まもなく、「サラリーマンが、会社を買って経営する」ことが人生の選択肢の一つになる時代がやってくる。Mさんの姿を見て、私はその確信を新たにした。

数字は割合・比較・絶対額で見る

前著『サラリーマンは300万円で小さな会社を買いなさい』は、13万部を突破するという、ビジネス本としては「超」がつくベストセラーとなりました。

おかげで、テレビ東京の「ワールドビジネスサテライト」をはじめ、さまざまなテレビ番組やラジオ番組に出演させていただき、また、「日経ビジネス」や「週刊ダイヤモンド」、「週刊東洋経済」などを筆頭に、ほとんどの経済雑誌で取材をしてもらうことができました。漫画雑誌「モーニング」では「絶対成功！ホリエモン式飲食店経営～『サラリーマンは300万円で小さな会社を買いなさい』外伝～」という漫画も連載され、ドキュメンタリーでテレビに追ってもらう話も進んでおり、まさに破竹の勢いで……。

と、こう書けば、前著の13万部という数値がとてもすごいように感じます。自分で言うのもなんですが、これは本当なのでしょうか？

数字は、それ自体に意味はなく、ある事象を表現するものです。ひとつの側面だけを捉えて判断すると間違った意思決定が生まれてしまうことがありえます。会計を学ぶ前に数字にだまされないよう、13万部という事象に対して、①「割合」を見て、②「比較」し、③「絶対額」で捉え、客観的に理解する技術を学びましょう。

①比率で考える（割る）

日本で働く雇用者はおよそ5000万人いると言われます。そのうちの13万人ですから、全体の割合では0・26％にしか売れていません。「0・26％のサラリーマンが買った本」と宣伝しても、全然、購買意欲をかきたてられることはないでしょう。13万部という数字も、購買層の分母を考えて「割る」ことで、違う角度からその数字が見えてきます。

②比較する（他者、時系列）

2018年に刊行されたビジネス書でもっとも売れた『10年後の仕事図鑑』（堀江貴文・落合陽一著、SBクリエイティブ）は、私の前著と同じ4月の刊行でしたが、24万部を突破したそうです。また、2014年刊行の『頭に来てもアホとは戦うな！』（田村耕太郎著、朝日新聞出版）は累計60万部を突破していますが、ビジネス書ジャンルでは2018年の1年間に『10年後の仕事図鑑』を超える実売部数を記録したそうです。他のベストセラー本と比較すれば、13万部はそこまで大きな数字ではないとも言えますね。

時系列で見れば、4月19日の発刊から、紙＋電子書籍で5万部を突破したのが5月30日（1ヵ月で5万部）で、10万部突破が8月3日（2ヵ月ちょっとで5万部）。13万部突破は11月7日（3ヵ月で3万部）でしたから、じわじわ伸びが止まってきており、現時点で、「破竹の勢い」ということではなさそうです。

③絶対額で見る（大きさ）

西野亮廣《あきひろ》さんの『新世界』（ＫＡＤＯＫＡＷＡ）は発売4日で13万部を突破したそうです。同じ13万部だとして、私の前著とはどちらがすごいのでしょうか。『新世界』の販売単価は１５００円で、私の前著は９０７円。同じ部数を販売していても、単純計算で前者の売上は１億９５００万円、私の本は１億１７００万円ですから、部数が同じでも絶対的な売上では負けています。

ほかの本と比較してしまうと、13万部という数字も大したことがないように感じてきます。しかし、これが数字を検証するうえで、非常に重要な感覚を生む技術なのです。

このようなことを序章でお伝えするのは、私の周りの**資本家のみなさんは、やはり数字に強い**ということを常々感じるからです。計算が速いとか、数字の記憶力があるということではなく、

「客観的に数字を捉える技術」を持っているということです。

日本有数のある経営者の方と会話をしていた時に、私がトライアスロンをしているという話になりました。いつも出ているのは「オリンピックディスタンス」という種目で、オリンピック種目用に設定された距離で、スイム1・5キロ、バイク40キロ、ラン10キロをこなします。

トライアスロンの話をすると、ほぼ100%の人が「すごいですね」「ストイックですね」と言います。その方もやはり「すごいですね」と口にしましたが、そのあとで、「ところで、トータル何時間でゴールするんですか?」と質問してきました。「3時間くらいです」と答えると、「なんだ、フルマラソン(普通の人で5時間弱くらい)に比べると、そんなにしんどくないんだね」と言われてしまいました。

この方は、別次元に見えるものを、時間という「絶対的な基準」に変換して理解し、マラソンという同じ耐久レースと「比較」することで、客観的な判断をされているわけです。

これからみなさんと学んでいく会計は、企業活動におけるさまざまな事象を「金額」という「絶対的な基準」で表し、その大小を見ながら、良い/悪いを判断していく作業になります。客観的に判断できる数字の使い方も説明しながら進めていきますので、上記3点(割合・比較・絶対額)を意識しながら、本書を読み進めていただければと思います。

本当に300万円で買えるのか？

300万円で会社を買うための会計学をレクチャーするにあたり、まずは私の前著を読んだ多くの方に湧き起こった2つの疑問に答えることから始めたいと思います。

①300万円で買える会社があるはずがない
②会社の選び方がわからない

まずは1つ目、「300万円で買える会社があるはずがない」です。

確かに後継者不足で会社を売りたがっている中小企業がたくさんあるかもしれないが、いくらなんでも300万円でまともな会社が買えるわけがない。三戸は嘘をついている――こういう声がありました。

少しでも会計の知識があれば、企業価値の考え方として「300万円で買える会社がたくさんある」ことに違和感を持たないはずで、この疑問を持った時点で、残念ながらビジネスマンとしての会計知識がないと言えます。本書で会計の大枠をしっかりと理解しておかなければ、会社を買うどころか、平均以上のビジネスマンになることも無理です。

企業の売買は、売り手と買い手の純粋なる**相対取引**《あいたい》ですから、いくらで売買するかはお互いの自由です。まず売り手が値段を提示し、買い手がその値段を「高い」と思えば、値下げ交渉をします。双方の合意が取れたところで取引が成立するという流れです。

市場におけるモノの売り買いと同じく、売り手／買い手で、より思いの強いほうが譲歩するケースが多いでしょう。売り主に「絶対にこれ以下の金額では売りません」と言われ、買い手がそれでも欲しければ、少し無理してでも売り手の言い値で買うでしょう。また、社長が亡くなったり、重い病気にかかって働けなくなったなどの理由で、売り手側がなんとしても早く現金化したい場合などには、買い手側の値下げ交渉が通る可能性が高まります。

価格の決定プロセスは、M&Aの規模によって変わります。大手同士の大規模なM&A（売買価格数十億円から上）などでは、売り手、買い手ともに、それぞれに証券会社等のM&A部門が交渉人につきます。大規模の入札を行うケースもあり、その場合は、買い手が多く出てくるので必然的に売り手が納得する（市場価値に相当する）価格に落ち着きます。

中規模のM&A（売買価格1億円くらいから上）では、有名なところでは日本M&Aセンター、M&Aキャピタルパートナーズ、ストライクなどの「M&A仲介会社」が、売り手と買い手の間に入って売買の仲介役を担います。大規模M&Aにくらべて、広く入札をかけない分、売り手と買い手の双方が納得しやすい価格に落ち着いていきます。

小規模のM&A（売買価格1億円くらいから下）では、多額の仲介手数料を払えない（中規模以上の仲介手数料は、最低報酬1000万円以上が多い）ので、個人レベルのコンサルタントや公認会計士・税理士などがサポートしながら、多くのケースで、知り合いのつてを使って声をかけていくような相対での交渉が進んでいきます。よって、どちらかと言うと買い手が納得する価格で値段が決まりやすくなります。

前著、そして今回、読者のみなさんにおすすめしているのは、個人による小規模のM&Aですから、3番目です。

企業の値段は発行済株式数×株価

そもそも「**企業の値段**」とは、どのようなものを言うのでしょうか。じつは上場企業であれば、案外簡単に計算できます。上場企業の値段は、「証券市場に存在するすべての株式を買うために必要な金額」だと考えればいいからです。

それは、企業の「**時価総額**」です。

新聞やビジネス雑誌などで、この言葉を聞いたことがあると思います。しかし、何を表しているのかはっきりとわかっていない人もいるかもしれません。

計算式は単純です。「**株価×発行済株式**」でわかります。

1000万株発行している会社の株価が1000円だったとすると、時価総額は100億円です。ただ、上場している株価は常に変動するので、時価総額も常に変動します。

市場に売り出されている株をすべて買い占めるのは不可能に近い話で、本当にやろうとすれば「**プレミアム**」がついて莫大な資金が必要になりますから、あくまで理論上の値段です。このプレミアムの考え方については、ファイナンス系の専門書を開いてもらうと詳しく載っていますので、興味のある方はそちらにあたってください。

未上場企業価値はムコ探しと同じ

それでは、未上場企業の企業価格はどうやって算出するのでしょうか。概念的には「ムコ探し」と同じです。要するに、現時点でどのくらいの資産があるか。そして、これからどれくらい稼ぐか(年収)ですね。

資産と言っても、現金を持っているだけだと簡単ですが、たとえば、不動産を持っている場合、一般的には住宅ローンがついてきますよね。その分を差し引かないと、純粋な資産がいくらとは言えません。高価なポルシェを持っていても、ローンの分を差し引かないといけませんし、車が事故で大破するようなことが起これば、借金だけが残り、純粋な資産としてはマイナスになるかもしれません。

このようなイメージで、会社も資産から負債を差し引いた純粋な資産という意味で「**純資産**」というものを算定します。

次に年収です。年収が高くても、毎晩飲み歩くタイプだったり、高価な趣味を持っていたりすると、家庭に回ってくる「手取り」は少なくなりますね。会社も同様に、「年収」にあたる収入を「**売上**」と呼び、必要な経費を差し引いた「手取り」を「**利益**」と言います。

この「純資産」と「利益」の両方を見て、会社の価値が算定されます。

そのための基準となる計算式があります。それこそが、

株式価値＝純資産＋営業利益3年から5年分

という計算式です。

中規模以下のM&Aで価格設定を行う際、ひとつの目安とされる数字です。みなさんが将来、個人M&Aで企業を買収する際にも、おおよその目安になる計算式だと思ってください（ひとつの目安であって、これが絶対ではありません）。

この計算式には2つのキーワードが登場しています。今述べた「純資産」、そしてもう1つ、

「**営業利益**」です。

これらを理解すれば、「小さな会社を買う」のは、さほど難しいことではないと気づくのではないかと思います。はっきり言えば、小さな会社を買うことに必要な知識は、マンションを買うのとさほど変わらないものなのです。

マンションの価値で考えてみよう

まずは会社の株式価値を決める「**純資産**」の考え方です。

理解を助けるため、マンションを例に考えていきましょう。

基本的に「モノ」は新品の時がもっとも資産価値が高く、時間が経てば経つほど価値が下落します。しかし例外もあります。年代モノのワインやウィスキー、バイオリンやギターなどの楽器、ヴィンテージの時計などは、歳月を重ねることでむしろ価値が上がることがあります。年月が経てば「モノ」がなくなっていく（供給されなくなっていく）一方で、欲しい人（需要）が存在し続けるからです。つまり、需要に対して供給の量が少ないため価値が上昇するのです。

マンションも似たところがあります。新築時から時間が経つごとに必ず価値が下がり続けるとは限りません。

最近の東京におけるマンション高騰のニュースはみなさんもご存じだと思います。とくに、東京オリンピックに向けて整備されている豊洲《とよす》や芝浦《しばうら》など東京湾地域は、どんどんマンションの値段が上がっており、私の知人も「8年ほど前に買ったマンションが購入時より高く売れた」と言っていました。8年間の家賃負担がゼロになったうえに売却益が出たのです。

一方で、東京オリンピック決定後に買ったマンションは、そこまで上がらないでしょう。オリンピック開催が確定し、周辺地域が整備されることが決まった（もしくは、整備された）後のマンションは、価値の上昇がマンションの価格に「織り込み済み」となるからです。加えて、人気と需要の高まりを見越して、高層マンションがどんどん建設されていますから、供給数もかなり増えてしまうことが容易に予想されます。

このように、モノを売買して儲《もう》けるための1つ目のコツは、割安な物件を購入し、割高な値段（タイミング）で売却するという方法です。そして、2つ目のコツは、投資をすることで資産価値を高めて高値で売ることです。

マンションの本来の価値とは？

マンションには、「資産」としての価値があります。マンションの価格は相対取引で決まるため、価格は自由設定ですが、基準となる数字はあります。そのエリアの相場となる1平方メートルあたりの価格（路線価）×広さです。

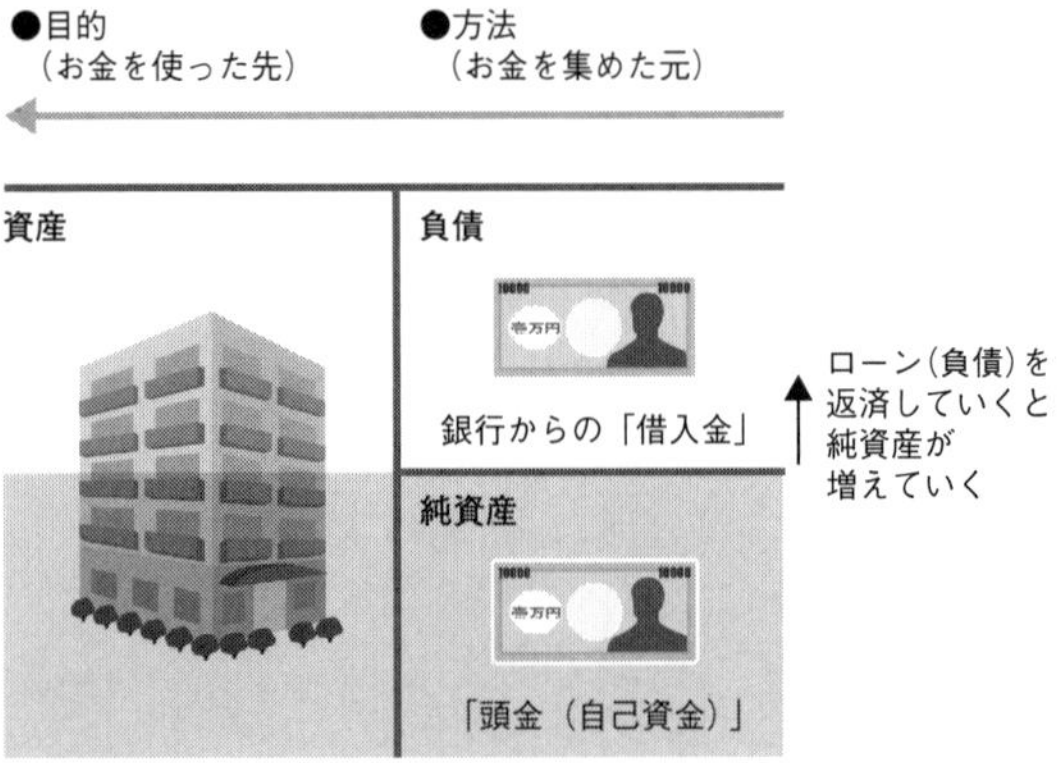

そこに、プラスアルファの資産価値が加わります。築年数や内装設備（古いままか、リフォーム済みか）、間取り、日当たりなどの諸条件が加味されて、売り出し価格が決まります。それを見て、この物件を買いたいと思った人が不動産会社に申し込みをすると、優先交渉権を得て、売買交渉がスタートします。双方の合意が得られれば、無事、売買成立です。

マンションは頭金（自己資金）とローンを組み合わせて買う人が多いと思います。ローンは銀行からの借入金です。

ここでやっと「純資産」の答えです。

もしあなたが、「ローンのついたこのマンションを買って欲しい」と友人から言われた時、いったいいくらの金額で買うでしょうか。購入価格ではないですよね。購入価格からローンを差し引いた**本来の価値**から交渉を始めるはずです。この「実態の価格」のことを「純資産」と言います。

そして、肩代わりしたローン（負債）を返済していくと、負債は減っていき、純資産が増えていきます。

前述したように、マンションは「モノ」ですから、放っておけば資産価値は目減りしていきます。しかし、マンションの周辺環境などで資産価値が上がることがあります。

一方で、そんな他力本願なやり方以外にも、自分の力（投資）によって資産価値を上げる方法があります。「リノベーション」です。

キッチンやユニットバスなどの設備が古いままの物件と、リノベーションしてピカピカになった物件とでは、売りに出した時に後者のほうが高い価格で売れるでしょう。最近では、設備が古い物件を安く購入し、リノベーションで綺麗にして、高めの値段で売却して売買差益で儲けるビジネスもあったりします。

賃貸マンションの家賃は事業収益

次に、「営業利益」を見てみましょう。

仮に、購入したマンションを誰かに貸し出すと、収入と支出が発生します。民泊ビジネスで有名になった「Airbnb（エアビーアンドビー）」は、普段使わない別荘などを、使わない期間だけ誰かに貸すことを仲介するネットビジネスです。このようなサービスを使って誰かにマンションを貸し出せば、収益が立ちますね。

自分の住んでいるマンションを貸し出すのはイメージが湧かないかもしれませんので、投資用に2軒目のマンションを買ったと考えてみてください。

2軒目のマンションとなれば、いくらで貸せるか（収益性）は非常に重要です。マンションを貸し出した時に、貸し出した家賃がそのまま自分の懐《ふところ》に入ってくるわけではありません。支払いも生まれてきます。

収入としては、家賃、それに対して支出は、マンションの管理費、修繕費、賃貸管理会社（マンションを管理してくれる会社）への支払い、エアビーアンドビーなどで集客すれば、その使用料などの諸経費です。この家賃（売上）から諸経費（費用）を差し引いたものを会計では「**営業利益**」と言います。

なぜ「営業」という文字がつくかは、ひとまず無視してもらって大丈夫です。一般的な会計の説明としては、売上から営業に必要な費用を差し引いたものを「営業利益」、その営業利益から、営業に直接関係のない経費を差し引いたものを「**経常利益**」、そこから税金を支払った後の利益を「**最終利益**」と説明しますが、まずは、そこまで重要な話でもありません（99ページの図も参照)。

会社の値段は本来の価値＋稼ぐ力

会社を購入する場合も、2軒目のマンションを購入するのと大きな違いはありません。実際に、マンションをたくさん買って、それらを人に貸して家賃収入で利益をあげている人や会社もあります。

「会社」というのは、バーチャルな概念であり、サラリーマンのみなさんにはつくったことのない人が多いため、「会社を買う」ことがさらにイメージしにくいのかと思います。しかし、2軒目のマンションのような家賃(売上)を生む資産を3軒目、4軒目といくつも準備して、それらの集合体が会社だと考えていただければ、そんなに難しくないと思います。

この2軒目のマンションという「資産」は、「売上」を生むものです。その資産を準備するためめに、ローンという「負債」で準備するか、頭金という「自己資金」で準備するかがわかっていれば、第一関門クリア(あとで説明しますが、この数値を表示しているのが「**貸借対照表**(**Balance Sheet＝BS**)」)です。そして、「売上」をあげるためには「費用」が必要で、その差し引きが「利益」とわかれば、第二関門クリア(この数値を表示しているのが「**損益計算書**(**Profit & Loss statement＝PL**)」)です。

マンションを買う際は、その資産価値を査定すると思います。先の周辺地域の土地の価値などを考慮した基準価格や築年数、内装設備（古いままか、リフォーム済みか）、間取り、日当たりなどの諸条件です。

この時、水廻りが老朽化していて修理が必要だったら、その費用はどのように考えるでしょうか。おそらく、売り手側に修理の必要性を説明して、その費用分をマンションの資産価値から差し引くような交渉をするでしょう。

また、正面にタワーマンションが建設される予定があったらどうでしょうか。日当たりが悪くなり、自分のマンションへの入居者数が減ってしまったり、家賃の設定額が下がってしまったりする可能性があります。そんな場合は、現在の家賃収入から割り引いて「稼ぐ力（営業利益）」を考え、やはりこれも資産価値の評価に影響を及ぼす事項になるでしょう。このような査定のことを、**「デューデリジェンス（Due Diligence）」**と言います。

2つの表から会社の値段はわかる

会社を買う際のデューデリジェンスも、マンションを買う時と同じく、会社の資産価値と負債の有無をチェックします。この数値が書かれているのが、**財務諸表**と呼ばれるものです。毎年1

回、決算の時に作成して税務署に提出しなければならないため、**決算書**とも呼ばれています。財務諸表には、大きく2つあります。前述の「貸借対照表（BS）」と「損益計算書（PL）」です。貸借対照表には、資産の価値とその資産を買うために借りた負債と自己資金（頭金）がのっています。損益計算書は、売上（家賃）と費用（売上をあげるために必要な経費）、それを差し引いた利益がのっています。

さて、株式価値は、「純資産＋営業利益3年から5年分」だとお伝えしました。資産と負債の差額である「純資産」は、貸借対照表に書かれています。また、「営業利益」は売上と費用の差額ですから、損益計算書に書かれています。

つまり、**貸借対照表と損益計算書の2つの表から、企業の大まかな値段がわかる**のです。

だったら、その数値通りに値段を決めればいいと思うかもしれませんが、そうではありません。マンションのように、水道の水廻りに修繕が必要かどうかなど「本来の資産価値」を確認しなければいけませんし、住宅ローンが適切に返済されているかなどの確認も必要でしょう。

資産の価値や負債の金額が変われば、純資産も変わります。このためにデューデリジェンスが必要なのです。また、家賃が将来的に増減するかどうか、マンション運営に関係ない経費が入っていないかなども確認しないと、営業利益が適切であるかどうかもわかりません。

会社の場合は、マンションと違って、さまざまな資産を保有し、それにひもづく負債やひもづかない負債があったりもします。売上の中身もさまざまですし、費用もいろいろあります。そのため最終的には、より細かく見ていかなければなりません。しかし、おおまかな考え方・捉え方としては、この「**資産**」「**負債**」「**純資産**（**自己資金**）」と「**売上**」「**費用**」「**利益**」の6項目を理解していれば大丈夫です。また、みなさんが買うような会社は、そこまで各項目も多くないので、そんなに難しい話ではありません。

それでは、このあと、各6項目について必要最低限の説明をしていきたいと思います。

第1章　最低限これだけは知っておきたい会計知識

貸借対照表（B/S）

資産の部	負債の部
流動資産	流動負債
現金及び預金	支払手形及び買掛金
受取手形及び売掛金	短期借入金
棚卸資産（商品）	固定負債
固定資産	長期借入金
有形固定資産	社債
減価償却累計額	**資本（純資産）の部**
無形固定資産	株主資本
投資その他の資産	資本金
	資本剰余金
	利益剰余金

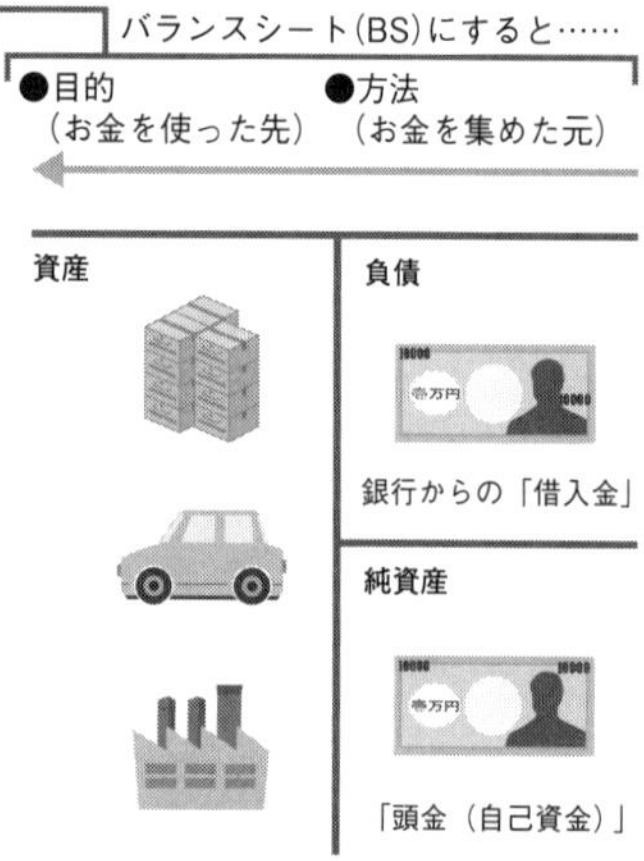

貸借対照表＝BSを見てみよう

「**資産**」と言っても、会社の場合にはいろいろあります。

マンションで家賃を稼ぐという会社であれば、マンションという建物の資産価値が「**貸借対照表**」（業界では、バランスシートを略して「BS」と言いますので、このあとはBSで統一します）にのります。また、これ以外にも、営業マンが車を使うなら、車両を買わなくてはいけません。それもBSにのります。製造業であれば、建物に加えて工場も必要ですから、その土地ものるでしょう。

土地や建物、車両をローンで買えば、その返済のためにローンの額を覚えておく必要があるので、自己資金で買ったものと区別して表示しています。ローンは他人様に返すお金なので、優先的に表示するためにBSの上部に表記されます。それ以外は、自己資金で買ったものなので下部に表記されますが、これを会計独特の言葉で「**資本**（**純資産**）」と言います。

「資産」って何？

それでは、最低限必要な資産の項目を見ていきましょう。

現金や**商品**（「**棚卸資産**」とも言います）などは、そのままの理解でいいと思います。商品を仕入れて、販売する小売業や卸業のBSには、商品があります。

次に会計っぽいのは、**受取手形**と**売掛金**です。

売掛金は、クレジットカードをイメージするとわかりやすいと思います。日々の支払いを現金で行うのは面倒なので、クレジットカードで支払い月末など毎月決まった日付で締めて、翌月に銀行口座から一括引き落としされますね。これと同様に、商品を現金で販売しない時に使われる代金受け取り方法が売掛です。よくあるのが、月末にその月の販売代金を合計して、その翌月に支払ってもらうというようなものです。

飲み屋のツケも同じですね。常連になればなるほど何回も来店するので、その都度支払うのではなく、一気に月末にまとめて請求書をあげたりします。

会社も同様に、取引先への販売を毎回現金でやりとりしていると煩雑でもあり、現金の出入りも激しいので、売掛金という資産項目に記しておきます。

受取手形は売掛金と変わりませんが、その金額と支払期日を書面（手形）に落としたものです。クレジットカードで言えば、何回かに分けて支払うリボ払いみたいな感じでしょうか。

M&Aで重要な減価償却累計額

これ以外にもBSに資産項目が表記されていますが、「会計の概念」を理解するうえでは枝葉《しよう》末節《まっせつ》ですので、軽く定義を読むくらいで十分です。

業種業態ごとにBSに表れる資産項目は異なり、実際のBSを目にした際、そこにある資産項目を調べて勉強したほうがはるかに効率的です。そのため、本書ではあえて詳細な説明は省きます。ビジネス英会話の勉強をするのに、科学分野の英単語から覚えたりしないのと同じです。

「会社を買う」ということで見れば、会計の概念として必要な資産項目に「**減価償却累計額**」というものがあります。端的に言えば、資産の劣化した部分を金額で表現して、資産のマイナス分を備忘記録するものです。

マンションで言えば、マンションを使える期間（耐用年数）は、鉄筋構造であれば30年ほどでしょうか。30年経てば、マンションの価値はゼロになるわけですので、毎年その劣化した金額をメモしておきましょう、というものです。３０００万円で買った物件であれば、30年で資産価値がゼロになるので、毎年１００万円の価値が目減りしていく計算です。

毎年、目減りしていくことを「**減価償却**」と言い、その合計が「減価償却累計額」なのです。

マンションを買って５年後だと、ＢＳにはマンション購入価格の３０００万円が表示され、５年間の減価償却の累計額である５００万円がマイナスとして表記されます。買った時の価値は３０００万円でしたが、５年使って５００万円が減価しているため、「差し引き２５００万円の価値」だと、買った時の価値も、経年劣化した金額も、両方がわかるように表記されています。

さて、この数字をどのように使うのでしょうか。

減価償却累計額が大きければ、資産の購入時期はかなり前になることがわかります。そのため、次なる設備投資が近いことが想像できます。

今度は実際に、「会社を買う」ことをイメージしながら考えてみてください。

中小企業は、大企業ほど定期的な設備投資をしていませんから、工場を建てた時に買った機械設備をそのまま使っていることが普通です。減価償却累計額が大きいということは、それら資産の使える期間が終わる「耐用年数」が目前に迫っているということを意味します。つまり、会社を買った直後に大規模な設備投資を一気に行わなければいけない可能性があるのです。

株式価値の計算としては、資産価値に反映され、資産から負債を引いた純資産の金額に反映されているわけですから、会社を買う場合の金額には織り込まれています。けれども、会社を買った直後にすぐ設備投資が必要となると、そのための資金を準備しなければならなくなりますから、しっかり見ておく必要がある項目です。

この減価償却累計額をベースに、売り手のオーナーに今後必要となる設備投資をヒアリングし、自分自身で事業計画に反映させていくことが大切です。

会計的値付けが難しい資産もある

次に、**デューデリジェンス**の視点で必要となる考え方、「将来の収益性をどう見るか?」という観点で、「ソフトウェア」と「特許権」を例にあげたいと思います。

マザーズに上場しているゲームアプリ開発会社のドリコム内藤裕紀社長と話していた時のことです。ふとしたことからM&Aの話になりました。

「M&AはBSを見るのがいちばん難しい、とくに『ソフトウェア』」

と内藤社長が言うのです。百戦錬磨《ひゃくせんれんま》の起業家でさえも、M&Aに出てくるソフトウェアは〝鬼門〟扱いなのです。

「ソフトウェア」とは、会計的に見るといったいどういった資産項目になるのでしょうか。

ソフトウェアは、主にIT企業などが開発して販売するものですが、目に見えるような「資産」ではありません。

マンションのように「見える資産」は、イメージしやすいと思います。マンションを建てる土地の取得費や資材費、建築の人件費や開発業者の利益などが合計されて販売され、それを購入すればその金額が「資産」に計上されます。また、マンションは一般的に販売や購入がしやすく、目に見える資産でもあることから、設定金額に大きな違いは生まれません。一方で、ソフトウェアは目には「見えない資産」であるうえに、一般的に販売や購入のしやすいものではないことから、資産計上の金額設定に意見が分かれるのです。

ドリコムの場合は、「みんゴル」（「みんなのGOLF」）というスマホゲームなどを開発し、ユーザーに利用してもらうことで収益をあげています。最近の本格的なスマホゲームのアプリ開発費は5億円くらいが相場で、中には数十億円かけるアプリもあります。

こうしたソフトウェアを開発するのにかかった金額（費用）を積み上げたものが、「ソフトウェア」という資産項目に入ります。

ソフト開発には半年や1年はかかりますから、その間の人件費が計上されます。また、たとえば「みんなのGOLF」は、SONYがプレイステーション用のソフトとして企画開発したものですが、スマホゲームは、ドリコムがSONYに使用権の対価を支払います。使用料もソフトウエアの開発に必要なものとして計上されていきます。

5億円かけても、それ以上の収益を生み出すと考えてゲームアプリを開発しているのですから、資産項目には「ソフトウェア5億円」と計上していてもよさそうな気がします。しかし、そのアプリが本当に5億円以上も稼ぎ出すかどうかは、誰にもわかりません。

ゲームや書籍、映画などエンタメ系のビジネスに総じて言えることですが、実際に発売してみないと当たるかどうかはわからないものです。よって、エンタメの業界では、大外れを逃れるために、たとえば書籍で大反響を受けた作品を映画化するなど、一度売れたものを別の形で収益化することが行われています。しかし、書籍を映画化したものの顧客層が違って全然集客に結びつかないケースもよくあります。

ゲームアプリの業界などでも、既存の作品やキャラクターの**知的財産（IP：Intellectual Property）**を使用した「IPモノ」と呼ばれるゲーム開発が主流になってきています。2017年のモバイルゲーム売上ランキングでは、「実況パワフルプロ野球」のように、すでに家庭用ゲーム機で人気のあったものや、ディズニーやドラゴンボールなどの広く知られたキャラクターを使ったものが上位にランクインしています。このように、任天堂やSONYなどがゲーム等をつくって、すでに売れたものをスマホゲーム化するようになっているのですが、それでも当たるかどうかは、実際にサービスを開始してみないとわかりません。

ここで、このようなソフトウェアの資産計上は開発にかかった金額の合計でいいのか、疑問が残ります。決算書は税務署に提出することから、税務上のルールにも従わなければなりません。事業を行っている当事者さえも、収益を上げ、開発費を回収できるかがわからないのに、税務署がその資産を適切に評価するのに無理があることは想像できるかと思います。

5億円で開発したソフトウェアを発売しても全然ウケることなく、お蔵入りに近い状況になったとします。この場合、税務上決められている5年の耐用年数のルールを使って減価償却の計上を行い、2年後に減価償却累計額2億円として、資産の価値を5億円マイナス2億円の「3億円」と表現していた場合は、正しい評価と言えるでしょうか。

マンションで言うならば、廃墟のようになって誰も入居せず、家賃という売上を生まない状態になっているわけです。このようなマンションは資産とは言えません。これと同じように、会社の会計でも、資産には当然、売上を生むものしか計上されないはずです。しかし、ソフトウェアで顕著なように、**会計の処理のルールでは判断できない資産が多く存在**します。

逆に言えば、このように会計上の価値判断が分かれる部分に「**アービトラージ**（**裁定取引：**価格差を利用して売買し、利ざやを稼ぐ取引のこと）」が存在すると、勘のいい人は気づくのではないでしょうか（第4章参照）。

知的財産権の価値を評価するには

売上を生む**知的財産権**（著作権や工業所有権）はどのように考えればいいでしょうか。

先の事例にも出てきた任天堂やSONYが持つキャラクターの著作権は、スマホゲームの会社に対してIPとして販売しています。実際に任天堂の平成30年3月期連結業績資料の売上構成を見ると、スマートデバイス・IP関連収入等の売上高が393億円とあります。マリオやポケットモンスター、ゼルダの伝説など、みなさんご存じのキャラクターの使用権をスマホゲームの会社などに販売して、売上をつくっているのです。

このような知的財産権を多く持っていることは非常に価値が高いとおわかりになると思います。著作権を保有することで自社の開発した商品が他社の類似品販売から守られ、競争優位性を持ち続けることができます。特許権なども同様ですね。

しかし日本の会計の慣習では、任天堂のようにIPビジネスを明確な収益に結びつけているケース以外、知的財産権は資産としてほとんど計上されることがありません。なぜなら、査定するのが難しいからです。

会計処理のひとつのルールとして「**恣意性**《しいせい》**の排除**」があります。会計処理する時に決まる金額は、誰がどう見ても納得のいく金額でないといけないのです。

「この知的財産権で、将来100億円稼げる」と主張しても、その価値はまだ確定していませんし、わからないものなので、会計上は評価しない、ということです。もし恣意的に、「将来100億円稼ぐから」と、100億円以上の価値で資産計上できるなら、誰もが言い値でありもしない資産を増やせることになってしまいます。結果的に、財務諸表の数値を適切に判断することができなくなります。

一方で、知的財産権そのものを他社から購入したケースについては、知的財産権の価格がついています。そのため、それを資産計上することはありえます。売り手と買い手において「価格が確定した」ということは、そこに客観的な金額（市場価格）が存在することになるからです。

デューデリジェンスの観点から、この点はどう考えたらよいのでしょうか？

先述のソフトウェアは、資産に「計上されている」が、将来収益を生まないかもしれない資産です。一方で、知的財産権は資産に「計上されていない」ものの、将来収益を生む可能性があります。これらは会計数値だけでは判断できず、過去の実際の売上や現在の引き合い、今後の見通しといった「時系列で比較」し、経営者に確認して、買収する側がその価値を査定し、事業計画をつくっていかなければなりません。

バイアウト投資を行っている弊社でも、過去の投資先で、著作権の議論になったことがあります。

このケースでは、前のオーナーが資金繰りに詰まり、著作権とも考えられる製造図面を他社に売却してしまっていました。買収後、その図面を買った会社から、「今後の製造分については売上代金の何％かを使用料として払って欲しい」との申し出がありました。しかし法的な見解としては、工業製品の製造図面自体に著作権は認められず、使用料を支払う必要はない、という回答になりました。

買収前に図面を売却していたことは、前オーナーへの事前ヒアリングでわかっており、その権利関係についても確認していましたから、このような事態にも対応することができました。でも、知らないまま買収を進め、売上の源泉となる著作権を他社に持たれたり、著作権を持っていると思っていても効力がなく、法的な見解を確認すると売上の源泉にならないといった可能性もあるのです。

このようなことから、ソフトウェアや知的財産権などは、とくにＢＳだけで判断できるものではなく、実績として売上があがっているのかを確認するなど、恣意性を排除して保守的に価値を評価することが大切です。

「マリオカート事件」の教訓

ちなみに、日本において知的財産権は、みなさんが思う以上に保護されていないのが実態です。権利を侵害された場合、その損害額を客観的な金額として明確にし、請求する形になるのですが、一般的に、知的財産権侵害の損害額は算出しにくいからです。

以前、任天堂の「マリオカート」の著作権侵害問題が話題になりました。任天堂に無断で「マリオ」をはじめとする人気キャラクターのようなコスチュームをお客に着せて、車高の低いカートで公道を疾走《しっそう》するサービスを提供していた会社が任天堂から訴えられることになったものです。

でも、この著作権侵害によって任天堂にどのくらいの損害があったのかを算出するのは難しいです。カート運営会社の売上が、任天堂が本当なら得ることができたはずの利益（損害額）なのか。でも、実際に事業をつくったわけではないので、そうとも言えないでしょう。また、利益が損害額だとしたら、費用をかさ上げすればなんとでもなる等々、会計的に考えても難しいケースです。

結果として東京地裁は、任天堂の主張を認め、1000万円の損害賠償請求を認める判決を出しました。この請求額の低さが日本の知的財産権の位置付けを表しているように私は感じます。

日米の弁護士と話をしていると勉強になります。米国は知的財産権の先進国で、かなり保護されており、他方、日本や中国は知的財産権の後進国で、あまり法律が整備されていないということでした。これは、知的財産権を「つくる側」にいる国と「使う側」にいる国との違いです。

もちろん、知的財産権をたくさん持っていてもうまく評価できず、みなさんの目利きで売上に変えることができる会社を発見した場合は、「お得なお買いもの」となるかもしれません。しかし、こと投資という観点で考えれば、実際にやってみなければわからないことが多いものは、計画の上振れ要因として考え、計画の中には織り込まないほうが無難です。このような捉え方を、投資の業界では「**アップサイド**（**楽観的要因**）」と呼びます。

なお、知的財産権の法的見解や具体的な内容については、専門家に相談してみてください。

BSで最初に見るのは「ここ」！

BSを見るうえで必要な概念は、「それぞれの資産が、いつ現金になるのか？」です。**会社が倒産するのは唯一、手形の不渡りを出した時**です。それ以外は、たとえ銀行からの借入金を返済できなくとも、取引先からの仕入れ代金を期日に支払えなくとも、頭を下げればなんとかなります。

ちなみに、支払手形の次は、社会保険や税金などの滞納で事業資産を差し押さえられることですが、公的な組織がいきなり差し押さえてくることはありません。

商売は信用で成り立っていますから、支払いは期日通りが基本です。しかし、期日を超えたからといって、いきなり会社が倒産するわけではありません。ただし、手形の支払い期日に支払いができない事例が6ヵ月以内に2回起こった場合は、全銀行に「不渡り処分」情報が回り、全銀行からの取引停止処分を2年受けることになります。この時、銀行からの借り入れを行っている場合は事実上の倒産となります。

こうした事態に陥《おちい》らないようにするためには、**「資金繰り」**がとても重要です。詳しくは第2章でお伝えしますが、BSを見て判断する際は、どれだけの資産がすぐに現金化できるかを考えなければいけません。

翌週の手形の引き落としに現金が足りないからといって、いきなり土地や建物を売って急場をしのげるわけではありませんよね。一方で、取引先への売掛金があれば、期日より早く振り込んでもらうようにお願いすることで現金が間に合うかもしれませんし、上場企業の株式を持っていれば、売却すればすぐに現金に変わります。

この目線が企業経営には重要で、**BSは、現金化しやすい項目から順に並べられています**。現金化しやすいことを**「流動性が高い」**と言います。流動性がもっとも高いものが「現金」

で、その次が「普通預金」、その次が、中途解約の手間がかかる「定期預金」です（69ページの図も参照）。

「売掛金」は、今すぐに換金できない点で流動性は低いと言えますが、数十日後の指定日には換金できるであろう資産です。「であろう」と書いているのは、絶対に売掛金が期日に振り込まれる、とは言い切れないからです。

「売上は回収まで」と言いますが、**商売にとっていちばん重要なことは債権の回収**です。期日通りに支払わないとか、取りっぱぐれるということは、商売においてよくあることです。デューデリジェンスで売掛金を見る時は、回収が遅延していないかなど、しっかり資金を回収できるかを確認することが肝要です。

弊社の投資先でも、顧客から売掛金を受け取れずに、500万円ほど回収に困っていたことがありました。その投資先を売却する際に、回収できていない売掛金（「**滞留債権**」と言います）を買い手から指摘され、ひとまずはその金額を株式売却代金から差し引き、将来的に回収できた際は、弊社に500万円を支払ってもらうということになりました。

このような売却側の問題点や懸念事項を金額ベースで算出して、当初に基本合意していた株式売買代金から増減させるというのはM＆Aではよくある話であり、デューデリジェンスで洗い出すことが重要です。

デューデリジェンスは、問題となる「何か」が出てきた場合に、基本合意していた金額から変更（減額）させる明確な根拠を示すという側面が強いです。ただし、中小企業のM＆Aの場合は、売るも売らないもオーナーの胸三寸ですから、基本合意の金額から1円たりとも減額しない（減額するなら売却しない）という売り主であれば、デューデリジェンスをする範囲をとくに重要なものに絞《しぼ》って行い、その費用を下げたほうが合理的であるとも判断できます。

話を戻すと、「手形」は売掛金よりもさらに回収に時間がかかりますから流動性は低いですが、**「手形割引」**という手法を使えば、金利・手数料は取られるものの、指定日の前でも現金化することができます。手形を担保《たんぽ》に銀行から前借りするようなイメージですね。

「商品」は、そのままの理解の通り、商売において販売するものですが、商品が売れていかなければお金になりません。商品が順調に売れている状態であれば近々お金になりますが、売れなければ不良資産になってしまいます。

換金性という意味では、業種にもよりますが、順調に売れている商品であってもお金に換わるまでに半年程度の時間がかかると考えられます。商品を仕入れて販売するのに1～2ヵ月、売掛金を回収するのに1～2ヵ月はかかるのが通常の商売です。

デューデリジェンスにおいては、商品の販売期間を確認し、売れずに倉庫に眠っているようなものがないかを確認します。

通常の商売であれば、月の売上の2ヵ月分以上の在庫がある場合は、過剰な在庫の可能性があります。ただし、生鮮食品の卸《おろし》であれば、売上の2週間くらいの在庫を抱えていると多いかもしれませんし、ウイスキーやワインなどのお酒の卸であれば、売上の1年分くらいの在庫を抱えないといけないかもしれません。これも業種によりますので、通常の販売期間を確認し、同業種の平均在庫と比較してみることで、過剰かどうかがわかります。

この時、売上（月商）の何ヵ月分の在庫を抱えているかで考えると簡単に比較できます。業界平均が月商2ヵ月分なのに、買収候補先の会社の在庫が月商4ヵ月分あれば、不良在庫がある（資産価値がない資産が計上されたまま）かもしれません。当然、資産は目減りし、同額の純資産が減るわけですから、株式価値は下がります。

BSの在庫は市場価格ではない

商品は、このように在庫として存在していても売れない不良在庫があったり、現地で調べてみると、盗難や紛失、横流し等々、帳簿上にあるはずのものが実際にはどこにも存在しない、ということもあります。ですから、ちゃんと在庫が存在するかを現地で調べることも大事です。

もう少しイメージを膨らませるために例を挙げると、豊洲市場で1000万円で競り落としたマグロがあったとします。これを商品として在庫で抱えていたとしても、腐っていたら売り物にはなりませんね。金額でとらえると、0円です。しかし、実際に仕入れて倉庫にあるため、BSには「1000万円」とあるかもしれないのです。きちんと棚卸検査などをしていない管理の甘い会社であれば、故意ではなくBSにのせてしまっているかもしれません。

在庫が腐っていたらわかりやすいですが、マグロを冷凍庫に入れたまま年月が経ち、冷凍焼けを起こしていて、誰も買ってくれないものだったらどうでしょう。もちろん、これも0円です。

逆に、冷凍焼けでも50万円くらいで買ってくれるツナ缶屋さんがいたら、50万円で在庫の評価を見直せますね。このように在庫の評価を見直して、価値が下がっている商品のBSの金額を下げることを「**減損**」と言います。この場合は950万円の減損です。

商品在庫の金額の根拠となっているのは、仕入れた時の金額や、その完成品が出来上がるまでにかかった費用です。中小企業ではそこまで厳密に商品価格の見直しをしていませんから、BSにある商品在庫の金額は、実際に売れる〝市場価値〟ではないのがポイントです。

資産構成は業種業態で変わる

ところで、BSを見た時に、どのような資産構成であれば比較的経営状態がよいと言えるでしょうか。その目安も、業種業態によって大きく変わります。

たとえば、卸売業であれば当然、在庫が大きくなりますし、重厚長大な製造業では建物や土地、機械などの固定資産の比率が大きくなるでしょう。人材紹介会社やＩＴ企業などはその逆で、在庫はほとんどないはずです。

デューデリジェンスの際には、それぞれの産業の理想的な資産構成がどういうものかをまず理解し、そのうえで、対象となる企業が理想の資産構成と比べてどうなのかをチェックすることが必要です。それぞれの業種の中で、他企業に比べて、その会社の経営状態がよいかどうかを見ない限り、その会社が果たして本当に「いい会社」なのかはわかりません。まさに、序章でお伝えした「比較」ですね。

バーバリーが在庫を燃やした理由

１８５６年創業で、１６０年以上の歴史を持ち、イギリスを代表するファッションブランドであるバーバリーが、42億円分の売れ残り商品在庫を廃棄処分したというニュースが先日話題になりました。同社はこうした廃棄処分を昔から行っており、ＢＢＣによれば、過去５年で１３０億円分の商品が廃棄されていたといいます。

ニュースは世界中を駆け巡り、環境保護団体や貧困問題に取り組む人権擁護団体などから多くの批判が寄せられました。植物や動物の毛など自然資源からつくられた衣類を燃やすなど言語道断だ。燃やすぐらいなら、価格を下げて売り切るなり、貧困な人に寄付をするべきだ――。中には不買運動を働きかけた人もいるようです。

そうした意見は理解できますが、バーバリーは慈善団体ではないので、在庫の廃棄を批判するのは少し酷《こく》だと思います。批判を恐れずに言えば、経営視点から見ると、バーバリーの判断は合理的です。

なぜバーバリーは在庫を廃棄したのか。それはアパレルの商品在庫は、生鮮品のごとく短期間で価値を失ってしまうからです。

ファッションは毎年トレンドが変わっていき、SS（Spring & Summer）やAW（Autumn & Winter）と呼ばれる年に2回のラインナップをベースに、どんどん新しいデザインを出していきます。商品は完全に入れ替えますから、基本的にそのシーズンのうちに販売終了。一般的には、シーズンの終わりにセールを行って売り切ってしまいます。

それでも売れ残った商品はどうするのでしょうか？

翌年にまた店頭に並べるということはまずしません。前シーズンで非常によく売れた（すぐに売り切れた）商品などは翌年も製造して販売することはあるでしょうが、前シーズンに売れ残った不人気商品をまた翌年、売り場に出すなどということはありえません。シーズン終わりの売れ残り商品に価値はないというのが、アパレルの常識。

あの伝統ある定番商品も多いバーバリーですらそうなのですから、流行を追いかけるファッションブランドなどなおさらです。

となると、売れ残った商品の在庫はどうしたらよいのでしょうか。ひとつ方法があるとすれば、「アウトレット商品」として格安で売ることです。

都市部から遠く離れた地方のアウトレットモールに出店しているブランドもありますし、空き倉庫のようなところを借りて、こっそりと知人友人関係者を招待して数日間のアウトレットセールを行うブランドもあります。たいていは原価に近いか、それを下回るような赤字価格でも売ります。まさしく在庫処分セールです。

アウトレットというのは、わずかな縫製ミスなど「ワケあり商品」だから安く売っていると説明しているブランドも多いのですが、このように正規の商品の売れ残り処分という大きな意図もあるのです。

なぜ、遠くで売ったりひっそりと売ったりするのか。ブランド価値を棄損しないためです。高級ブランドほど、安売りでブランド価値を下げることを嫌がります。バーバリーが5年間で130億円分もの商品を焼却処分したのはそのためです。

バーバリーほどのブランドであれば、安売りをすれば在庫は簡単にはけるはずですが、20万円で売っているコートを5万円で買ってしまう人がいては困るのです。

また、人権擁護団体の言うように、貧しい人たちに着てもらえたらいいかもしれませんが、現実には、流通過程で横流しするケースもありうるでしょう。それに、自分が20万円ものお金をはたいて買ったコートを無料で着ている人がいると知ったら、そのお客は以後、20万円という大金を払うことをためらうようになるのではないでしょうか。

商売は、見せるだけの在庫も必要

ならば、商品の製造を最低限に抑えて、多くつくらないようにすればいいのではないか？　と思った人もいるかもしれません。でも、商売には「見せるだけの在庫」も必要なのです。

ブランドは認知されることが重要です。有名百貨店に店舗を構えているバーバリーだからこそ「買いたい」と思う人も多くなるわけで、見かけないブランドだったり、品切ればかりで店舗の商品棚がスカスカ状態だったりすれば、消費者の購買意欲が衰えるのはイメージしやすいところかと思います。

ブランドというのは一定量の商品を確保する必要がありますが、季節ごとに変わる流行をつくったり、追ったりしながら在庫量を調整していくのは至難《しなん》の業《わざ》です。よってアパレル業界は、原価率が定価の3割に満たないとも言われています。

このように在庫の評価は、BSにのっている金額が正しいわけではなく、業界によって在庫にほとんど価値がなくなってしまっている可能性があることも理解しながら、確認をする必要があります。

1円の価値にもならない在庫を抱えているだけならまだいいですが、在庫を検品したり、保管したり、廃棄する費用は思った以上にかかります。

そのほか、工場の「建物」、「機械」、「土地」などは、換金が非常に大変であるうえに、売る際には資産が大きく目減りする可能性が高いと言えます。とくに、特殊な製品をつくるためにオーダーメードで整えた設備などは、非常に換金性が低いどころか設備を買う先がないため、処分費用がかかるものもあります。つまり、事業を停止したらマイナスの資産価値になる可能性があります。

だからと言って、企業にとっての価値が低いとは限らないことには留意してください。会社を買うという点において、この評価の仕方次第で安く買える可能性が出てきます。この点については第3章で解説します。

流動資産（1年内に現金化されるもの）		固定資産（現金化するのに1年を超えるもの）	
①現金・預金 現金 普通預金 定期預金 etc. ②売上債権 受取手形 売掛金 貸倒引当金 ③有価証券 有価証券	④棚卸資産 商品 製品 貯蔵品 etc. ⑤その他の流動資産 短期貸付金 貸倒引当金 立替金 仮払金 etc.	①有形固定資産 建物 建物付属設備 機械装置 車両運搬具 減価償却累計額 土地 etc. ②無形固定資産 電話加入権 特許権 ソフトウェア etc.	③投資その他の資産 投資有価証券 出資金 長期貸付金 貸倒引当金 保証金 etc.

資産は換金性の高低がキモ

資産は、流動性（換金性の高低）がとても重要であり、その性質において、大きく2つに分類されます。「**流動資産**」と「**固定資産**」です。流動的かどうかは、よくある決算の期間である「1年」を基準としています。この1年間を基準に考える会計用語として「**ワンイヤー・ルール**」というものがありますが、頭の片隅くらいにおいておけば問題ありません。

それぞれに表にまとめたような項目があります。こうした財務諸表の項目は「勘定科目」と呼ばれています。

「負債」を味方につけよう！

たとえばマンションを買う時には、ローン（**負債**）と頭金（自己資金）を組み合わせて購入するのが一般的です。

会社も同様に、工場を建てたり、商品を仕入れたりする際に、銀行から借り入れを行ったり、取引先から掛け取引にしてもらったりします。これらは、すべて「負債」にグループ分けします。

サラリーマン的な発想からすれば、負債＝借金は、よくないものだという印象があるかもしれません。しかし、**企業経営においては、負債をどのようにうまく使っていくかが重要**です。

たとえば仕入先への支払いについて、1ヵ月分を月末に締めて翌月末に支払う（末締め末払い）取引だったのが、支払い遅延せずに取引を続けて信用ができたことから、翌々月末（末締め翌々末払い）に支払うことを認められたら、1ヵ月分の仕入れ代金の余裕ができます。

仮に1ヵ月分の仕入れ代金を誰かに貸せば、その分の利息を得ることができますし、銀行からの借入を一部返済すれば、その分の利息が減ります。何かの事業に当てれば、その分の事業利益を生むことも可能です。

このように、仕入先へ交渉するだけで、その利益を顕在化することができるのであれば、交渉すべきです。この辺りは、「資金繰り」（第2章）や「レバレッジ」（第3章）の説明のところで詳しくお伝えします。

飲食店の廃業率が高いのはなぜか

いきなりですが、飲食業の廃業率はなぜ、圧倒的に高いのでしょうか。

全業種の廃業率10・2％に対し、飲食店・宿泊業の廃業率は18・9％（日本政策金融公庫「新規開業パネル調査」における業種別廃業状況において、2011年から2015年の調査結果より）です。

飲食業は、売掛金がほとんどなく、買掛金が多い商売になります。つまり、お客さんから現金を受け取って、食材などの仕入れ代金の支払いは月末締めの翌月末払い、という資金繰りです。通常の法人相手の商売とは違って、ゆとりのある資金繰りなのです。

しかし、ここが落とし穴。飲食業で売り上げて、お客さんから現金でもらうと、全部自分のものになったと勘違いする人が出てきます。レジから現金を取り出して、そのまま飲みに行ってしまうようなイメージです。

そうなると、仕入れ業者さんへの支払いの際に現金が足りなくなってきます。そんな時に、税金の支払いなどが来たらどうなるでしょうか。支払えずに夜逃げするしかない、ということになりかねません。

ドラマの世界の話のように感じるかもしれませんが、仕入れ代金を踏み倒して倒産する飲食業は結構多く、私もいくつか被害に遭《あ》ったことがあります。飲食業は現金売上が多い商売なので、このような資金の先食いが起こりやすい環境にあるのです。

そして、現金商売以上に先食い問題が起こるのが「前金」ビジネスです。いちばんわかりやすい例が、旅行代理店の「てるみくらぶ」事件です。

主に若者向けの海外パッケージツアーを格安で提供して急成長したものの、あろうことか、多くの旅行客から前金として集めた旅行代金を会社の資金繰りにあててしまい、実際のツアーの手配ができなくなって経営破綻《はたん》したという事件でした。

通常の旅行代理店は、お客さんからチケットなどの代金を先に受け取りますが、航空会社やホテル、現地のコーディネーターなどへ支払うべきお金なので、その大部分をとっておきます。しかし「てるみくらぶ」は、この代金を使ってしまい、航空会社等からの請求は次のツアー申し込み客からもらった代金で支払うという自転車操業をしていました。

前金ビジネスは、売上があがればあがるほど手元の現金が増えていくので、お金持ちになったと勘違いし、財布のヒモが緩《ゆる》むのは人間のサガなのでしょうか。切り詰めないといけない経費も緩くなり、放漫経営になる経営者が出てきます。

このような「現金先食い」を確認するためには、BSの負債の項目にある「**前受金**」の理解が必要です。

旅行代理店のように、お客さんから現金を受け取った際、会社の銀行口座には現金が増えます。しかしこれは、ツアーに行くまで履行されていない借入金と同じなので、前受金という負債が増えたと考えて、処理します。

極端に言えば、**前受金の金額より現金が少ないBSは、不健全どころか先食いしてしまっている可能性がある**のです。BSに前受金が出てきた場合は、必ずそれ以上の現預金があるのか確かめ、いつ受け取って、いつサービスを提供して、いつ支払いが来るのかを時系列で確認し、先食いしていないかを調べなければなりません。

前受金ビジネスの場合、使っていい現金（前受金）は、支払いが終わった後に残った利益分だけなのですが、取引量が増えると、どの取引の前受金かわからなくなってきて勘違いをしてしまうのです。

支払手形が多い会社は要注意

受取手形の逆が、「**支払手形**」です。

買掛金よりもさらに長い期日の支払いとしたい場合に振り出します。期日が長いので書面に落としましょうと、**手形**という書類を使っていると考えてください。クレジットカードのリボ払いのように、3ヵ月後に一部、6ヵ月後に一部を引き落とすようなケースが多いです。

会社が倒産するのは、唯一、手形の不渡りを出した時です。仕入れに対する支払いの期日が先になれば、売上金回収までの期間が短くなり、必要なキャッシュが減りますので、会社の資金繰りとしては有利になります。しかし万が一、手形が落とせない（期日に返済資金が足りなかった）ということになれば倒産してしまいます。現金先食いの事例にも通じますが、何かのトラブルで現金を使ってしまい、手形決済のタイミングで現金を準備できなければ会社が終わってしまうわけです。

一方、買掛金であれば、前述の通り取引先に頭を下げれば、いきなりの倒産は回避できます。現金をマネジメントしていなければ、どちらも同じように迷惑をかけるのですが、かけた迷惑に対してのインパクトが断然違います。あまり支払手形に依存しないように経営をしたほうがいいです。会社を買う時、支払手形を多く振り出している会社は、資金繰りをしっかり確かめておかなければなりません。

さらに、手形には「ジャンプ」という裏技があります。これは、支払期日を延期してもらうことです。

1月末に支払手形の支払期日が来ているが、現金が用意できないことが想定されるために、仕入れ業者（手形の振り出し先）に、3月末に期日を変更してもらうという形です。この時点で、資金繰りにかなりの問題が生まれているというのはおわかりになるかと思います。

支払手形は買掛金より、支払期日が長いものです。実際に、支払手形は3ヵ月とか、6ヵ月後の支払いというのが通常です。そんなに支払いを猶予《ゆうよ》してもらっているのに、その期日までに現金が準備できないということですから、かなりの月数分の支払い代金が準備できていない状態と考えられます。

手形のジャンプには中毒性が

さらに怖いのは、手形のジャンプは「麻薬」のような中毒性があることです。

手形をジャンプしているということは資金繰りが逼迫《ひっぱく》しているということで、そこから会社の業績が急上昇するのはそんなにある話ではありませんし、大型の売掛金が回収できるとか、銀行からの融資を受けることができるとか、資金繰りを改善する打ち手は生まれるかもしれませんが、それらが着金するかはわからないわけです。

そのような逼迫した資金繰りの会社が、手形のジャンプを何回かしていると、それをあてに資金繰りを計算するようになります。そこで怖いのが、これまで支払い期日を延期してくれていた取引先が、いきなりジャンプを認めなくなった時です。期日の延期をあてに資金繰りを計算していたのに、突然ジャンプができなくなれば不渡り確定です。不渡りを6ヵ月で2回出せば、事実上の倒産です。

取引先もジャンプを何回かしてあげているとなれば、販売金額を上げるか、販売量を増やすような交渉をしてきたりします。自社から見て仕入金額が上がるのは利益が減るということですので、さらに厳しい悪循環を引き起こしていくことになってしまいます。

もちろん、健全に資金繰りを計算して、仕入れ代金支払いの軽減をしている会社のほうが圧倒的多数かと思いますが、中小零細企業のマネジメントは、そこまで厳格に資金繰りを計算した経営をしていないところも多くあります。支払手形がBSにあったら注意して見るのは重要なことなのです。

負債も流動性の高さがポイント

さて、69ページの図をもう一度見てください。資産の説明の時に、「上から流動性（換金性）の高い順に並んでいる」という説明をしました。つまり上の項目の金額が多ければ多いほど、いざという時はお金にできるので、すぐには潰《つぶ》れにくい＝倒産リスクは低いと言えます。

一方、負債も、財務諸表では上から流動性の高い順に並んでいます。これは言い換えれば、返済までの期間が短い順に並んでいるということです。つまり、上の項目の金額が多ければ多いほど倒産リスクが高いことになり、下の項目が多ければ多いほど潰れにくいと言えます。

この流動資産と流動負債の関係は、財務諸表を見るうえでとても大切ですので、第2章で詳述します。

資本金の大きさ＝信用力ではない

ＢＳ項目の最後のグループとして、「**資本**」を見ていきます。マンション購入で言う「頭金」ですね。

会社をつくる時に事務所を借りたり、当面の運転資金を準備したりしないといけませんから、自己資金（頭金）を会社の銀行口座に入れます。これが「**資本金**」です。

ちなみに、会社のホームページやパンフレットに、「資本金1億円」などと書いている会社もありますが、資本金が大きいからといって、イコール信用できる、というわけではありません。会計を知らない人は、まるで1億円の現金があるかのように錯覚しますが、先の説明の通り、1億円を自己資金（頭金）として会社の資産を買ったり、費用を捻出《ねんしゅつ》したりしているわけです。現金はどんどん消えていきます。

逆に言えば、資本金1億円の会社が、設立後数ヵ月経っても銀行口座に現金1億円あったとしたら、それは、何の事業も開始していないということかもしれません。

会社は、自己資金（資本）や借入金（負債）で現金を準備して、銀行口座に入れて、その現金を使って事業を進めていきます。つまり、現金を銀行に預けて金利を受け取るのではなく、儲《もう》かる事業へ投資をしていくことで収益をあげていくのです。

資本のグループで重要な項目は、「資本金」と「利益剰余金（利剰金）」だけです。ほかにも細かい項目を見ることがありますが、出てきた時に調べれば問題ありません。

利益剰余金とは、言ってみれば、ポイントカードのポイント残数みたいなものです。お店でチェックインしたり、買い物をしたりして、ポイントが貯まっていきますね。そして、1年後にどのくらいのポイントが貯まったかを確認すると100ポイントあって、ああ、よく頑張ったな、という感じです。

会社も、資本金や借入金で現金を集めてきて、利益（ポイント）を生む資産を買って、ポイントを積み重ねていきます。

図のⒶを見てください。現金100で商品を仕入れて、利益20を乗せて販売する。販売した後に、その分の120の現金を回収する。20ポイントを稼ぐことができたわけで、これが**利益剰余金**です。

翌年も、現金100で商品を仕入れて、利益20を乗せて販売する。販売した後に、その分120の現金を回収すると、20ポイントを稼ぐことができる。前年のポイント残数（利益剰余金）と合算して、計40ポイントの残数（利益剰余金）がある、という感じです。

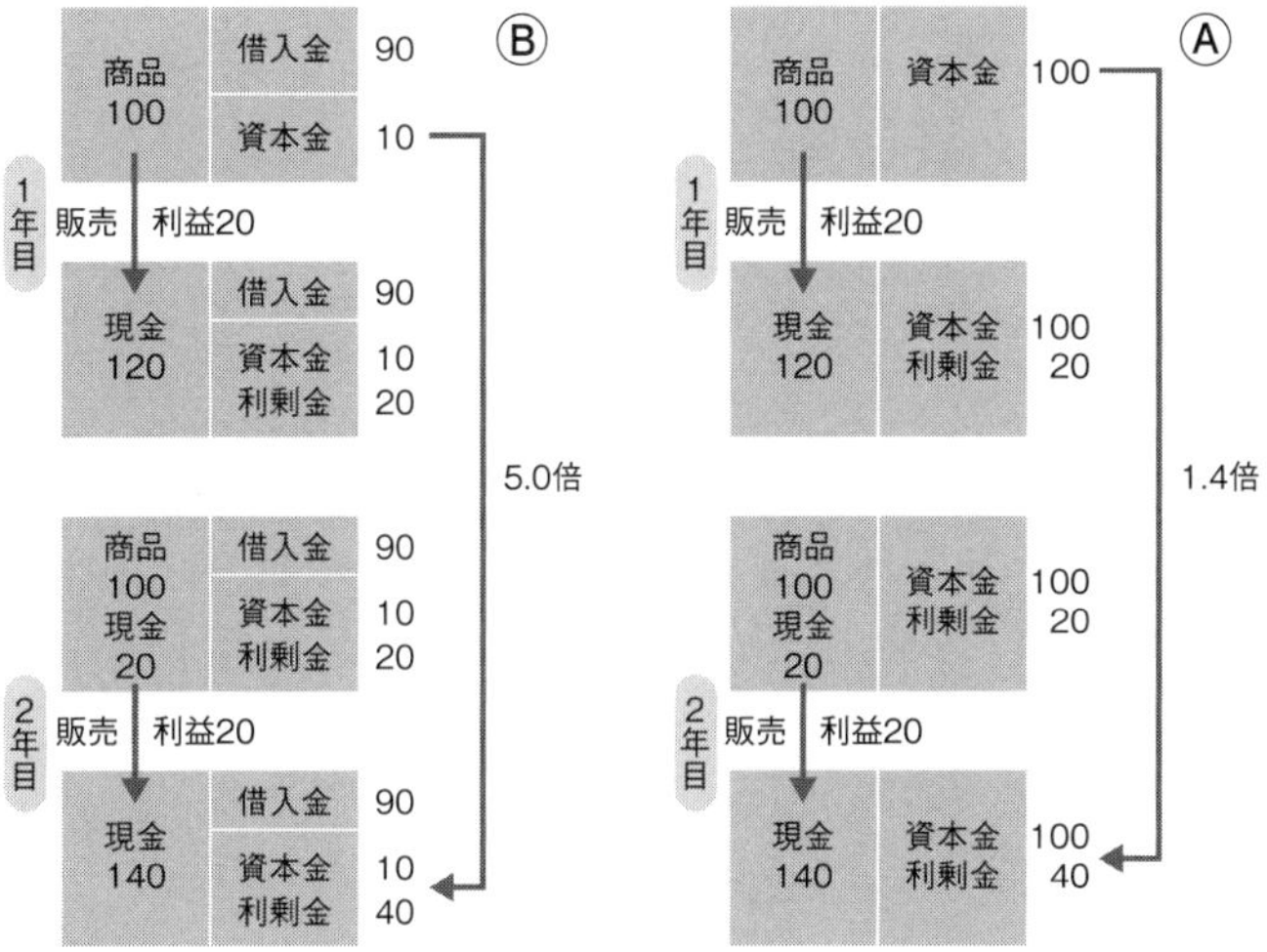

設立の時に資本金として銀行に預けた現金１００で、商品を２回仕入れて販売し、40の現金を増やしました。そうすると、資産として現金が１４０となり、資本金は変わらず１００、そして利益剰余金が40となるわけですね。

次に図のⒷを見てください。仮に、設立時の資本金を10、銀行からの借入金を90にして、同様の取引をした場合はどうなるでしょうか。現金は合わせて１００ですから、同じ取引ができますね。商品を２回仕入れて販売し、40の現金を増やしました。すると、資産として現金が１４０となり、借入金は90、資本金は変わらず10、そして利益剰余金が40となります。

自己資金（資本金）１００で、40の利益剰余金（ポイント残数）を稼ぎ出すのと、資本金10

で、40の利益剰余金を稼ぎ出すのとでは、どちらの資金効率が高いでしょうか。前者は、自己資金を1・4倍にできました。後者は、自己資金を5倍にできたので、答えは後者です。このマジックが「**レバレッジ効果**」です。

このくらいの会計知識で、高度なファイナンス理論が理解できますので、エッセンスだけを理解しておけば、会計も簡単なものです。詳しくは、第3章でお伝えしますので、さらりといきましょう。

「配当」をどう見るか？

話を戻します。BSで利益剰余金を見れば、その会社がどれだけ稼いできたか（ポイントを貯めることができたか）がわかります。老舗《しにせ》になればなるほど、ポイント残数（利益剰余金）は大きいはずですね。

ただ一点、中小企業ではあまり行われないので、概念的に理解しておけばいいというレベルでお伝えしたいのが「**配当**」です。ポイント（利益剰余金）を貯めるだけ貯めていても使わなければ意味がありませんので、ポイントを使うことがあります。マイレージで飛行機に乗るのと同じ感覚ですね。会社の場合は、これを「配当」と言います。

資本金（頭金）として現金を出した人（株主）は、借入金として現金を出した銀行などと違って、利息を取らないルールになっています。その代わりにポイントが貯まれば、配当という名目で利息代わりにしたり、少しずつ返したりしてもらいます。ですから、利益剰余金の合計が、これまでの会社の利益の積み重ねと言えるのですが、配当をしていると、必ずしも一致しない場合があります。このほかにも厳密な会計処理的には、ズレる場合がありますが、重要な話ではないので無視して結構です。

ちなみに中小企業は、資本金を出している株主と経営者が一致している場合が多いので、あまり配当をしません。配当をせずとも、役員報酬をもらったり、経費を会社の名義で使ったりすることで、事実上の配当を行えるからです。また、税務的にもこちらのほうが有利でもあります。

中小企業は、あまり利益が出ていない、もしくは、赤字企業がほとんどだとも言われますが、それは、配当の代わりに税務対策をしているからとも言えます。

実は多い、純資産が「ない」会社

中小企業の場合、株式価値は、「純資産＋営業利益3年から5年分」と説明しました。

この「**純資産**」というのは、マンションで言えば、自己資金（頭金）とローンを組み合わせて買った場合の自己資金（頭金）部分のことでした。つまり、マンションという資産の価値から、ローンという負債を差し引いたものです。

会社の場合は、事業を営《いとな》み、ポイント（利益）を増やしていくので、マンションで言うところの「資産価値」は上がっていきます。リノベーションなどで資産価値を上げるというイメージです。そうすると、上がった資産価値からローンを差し引いたものが、純資産（銀行ではなく、自分に帰属するもの）となります。

先に説明したケースで言えば、設立時の資本金を10、銀行からの借入金を90として、合計100の現金で商品を2回仕入れて販売し、40の現金を増やしました。そうすると、資産として現金が140となり、借入金は90、資本金は変わらず10、そして利益剰余金が40。この時、資産の合計140から借入金の90を引けば、純資産が50と出てきます。

つまり、借入金（負債）がなければ、企業価値はすべて株主（資産を持つ権利者）のものになるので、資産はすべて株主のものです。一方で、負債があれば、資産を持つ権利者に負債権者が出てきますから、それを資産から差し引いたものが株主の価値ということになります。これが「純資産」です。

世の中には実は、この純資産が「ない」、もしくは「マイナス」という会社が意外に多いのです。資本金を入れたはずだし、事業を運営してきてポイント残数（利益剰余金）を増やしてきたはずなのに。その答えは、「**利益剰余金**」にあります。会社設立の際などに自己資金として資本金を準備していても、事業を運営していく中で、ポイントを貯められないどころかマイナスになることがあるからです。いわゆる赤字ですね。

先ほどの説明の通り、中小企業は配当を上場企業ほど行いませんので、オーナーがうまく資金を吸い上げるために役員報酬や経費を会社負担にするようにして利益が出ないようにしています。よって、利益剰余金というポイント残数は多くありません。

そのような状態でいきなり事業的に赤字が出てしまうと、会社としては体力がない（利益剰余金がない）ため、資本金以上の金額を食ってしまい、純資産がゼロ、もしくはマイナスとなります。会社の資産より負債（債務）のほうが大きい状態として「**債務超過**」と言います。

ちなみに、赤字となれば資金が厳しくなりますから「**役員貸付**」という形で、株主である経営者から会社に貸し付けて資金繰りをつないだりします。これまで会社から取りすぎた役員報酬を返すようなイメージですね。会社という法人と株主である経営者個人は、別の人格を有していると考えますので、過去に取りすぎた現金を返すとしても、その名目は「**貸付**」になります。

債務超過になれば、いくら事業が順調に進んでいたとしても、銀行はお金を貸してくれません。銀行からすると、会社の資産価値以上に負債のほうが大きいわけですから、そんな会社に追加で貸し付けたとして、返済が滞《とどこお》った時、負債に対して押さえる資産が足りないわけですから当然です。

このような時に使われる考え方に「**清算価値**」というものがあります。現時点で会社を解散させた場合に、資産を切り売りして現金に変えるといくらになるかです（厳密には、別除権や優先配当権などが控除されますが、本書では無視します）。

負債は他人からの借り物ですから、法的には優先的に返済する義務があります。銀行は、常にこの清算価値を見ながら貸し出しを行っています。そして、できれば、その資産に対して担保を設定することを求めます。会社は複数先から借入を行って運営しているため、それぞれの負債が具体的にどの資産に紐《ひも》づいているかがわからなくなりがちで、担保を取ることで負債に対する資産を明確化し、何かあった時に優先的に返済してもらえるようにしています。

「今の会社の状態は、負債の額に対して資産の額が小さい（債務超過だ）が、事業自体は順調で、将来の利益を見越せば返せる見込みがある」と説明しても、銀行が将来を見てくれることはまれです。銀行は、過去から現在を切り取った清算価値を見て判断します。これが、「銀行はリスクを取らない」「事業価値を見出すことができない」と指摘される所以《ゆえん》です。

将来の事業展開とその発展を見越してお金を貸すからこそ、事業のサポートをする金融機能が発揮できます。また、そのリスクを取るからこそ、相応のリターンとして利息を取れるのです。今、多くの銀行が消滅の危機にあると言われていますが、それは、このような事業評価ができないから、とも言われています。ここで言う「債務超過」とは、「実態債務超過」を指していますが、説明が複雑になるので省略します。

粉飾決算のワナ

一方で、中小企業のオーナーもこのような銀行の姿勢は知っています。ですから、債務超過にならないように事業を運営していきます。

しかし、事業がすべてうまくいくとは限りません。赤字が続き、自己資金である資本を食いつぶしてしまったら、債務超過です。銀行はお金を引き揚げにきます。

そうならないために手を出してしまうのが、「**粉飾決算**《ふんしょく》」です。決算書を書き換えてウソの財務数値をつくってしまうのです。

ここまで読んでいただいた読者の方には、簿記3級のテキストで言うと、10分の1も説明していないのですが、「中小企業経営のエッセンス」を抽出して説明しているので、粉飾はどのようになされるか想像できますよね。債務超過を回避するわけですから、資産を増やすか、負債を減らすということです。

債務超過が起こるプロセス

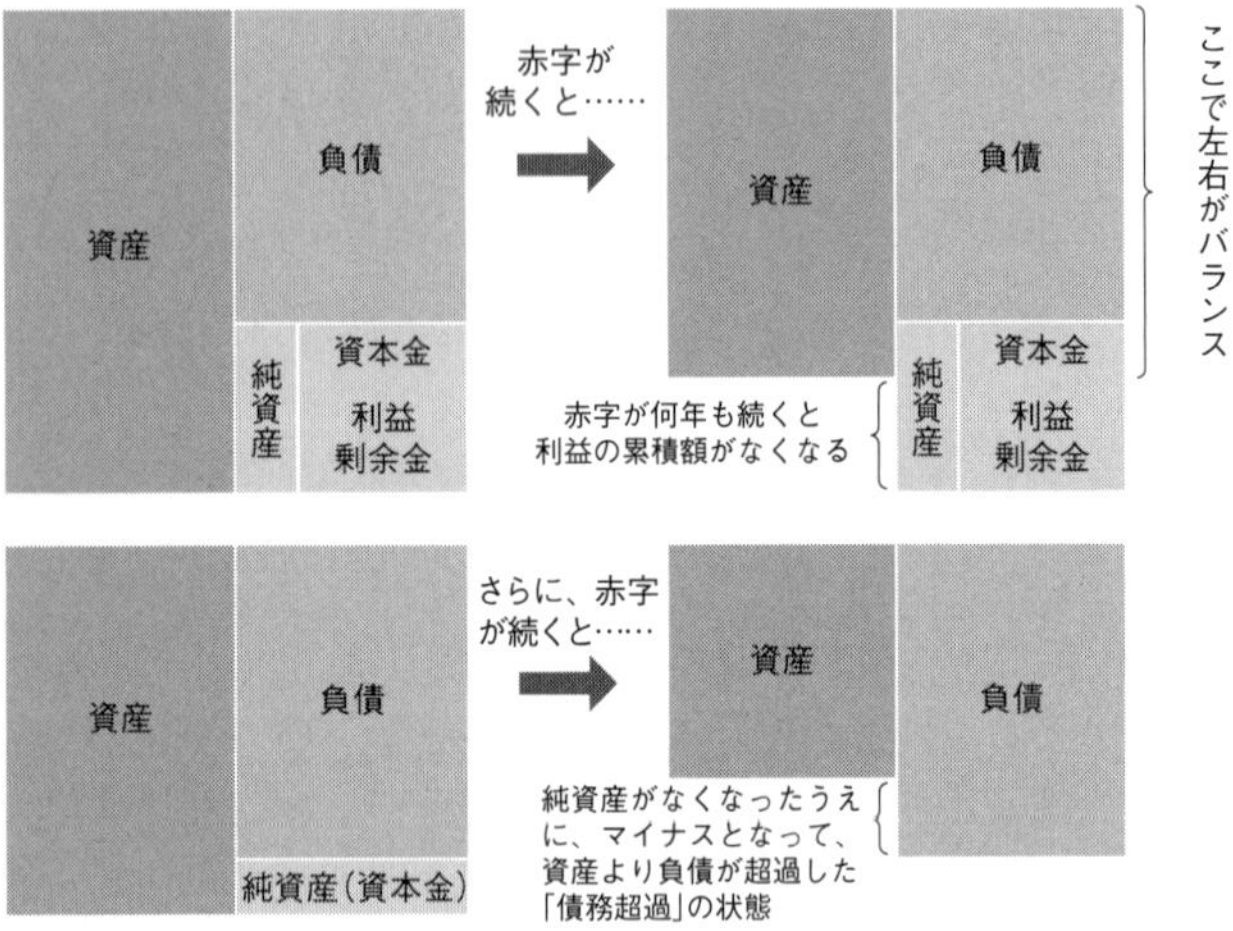

粉飾は、資産を増やすケースがいちばん多いです。先に説明した売掛金や在庫を現有のものより過大に評価して、資産があるように見せかけるのです。

この逆で、負債を減らすこともあります。本当は仕入れがあったのに、仕入れがなかったかのように見せかけて、仕入れ業者への支払いである買掛金を少なく見せるのです。

買掛金は先方から毎月のように要求があり、いずれ支払わなくてはいけないものです。数字をいじるには難易度が上がります。よって、典型的なパターンは、相手の存在しない売掛金があったり、実際には存在しない在庫があったりする、ということです。

会社を買おうと考えている方は、この粉飾を見破らなければいけません。**ウソを見破るに**

債務超過を回避するには

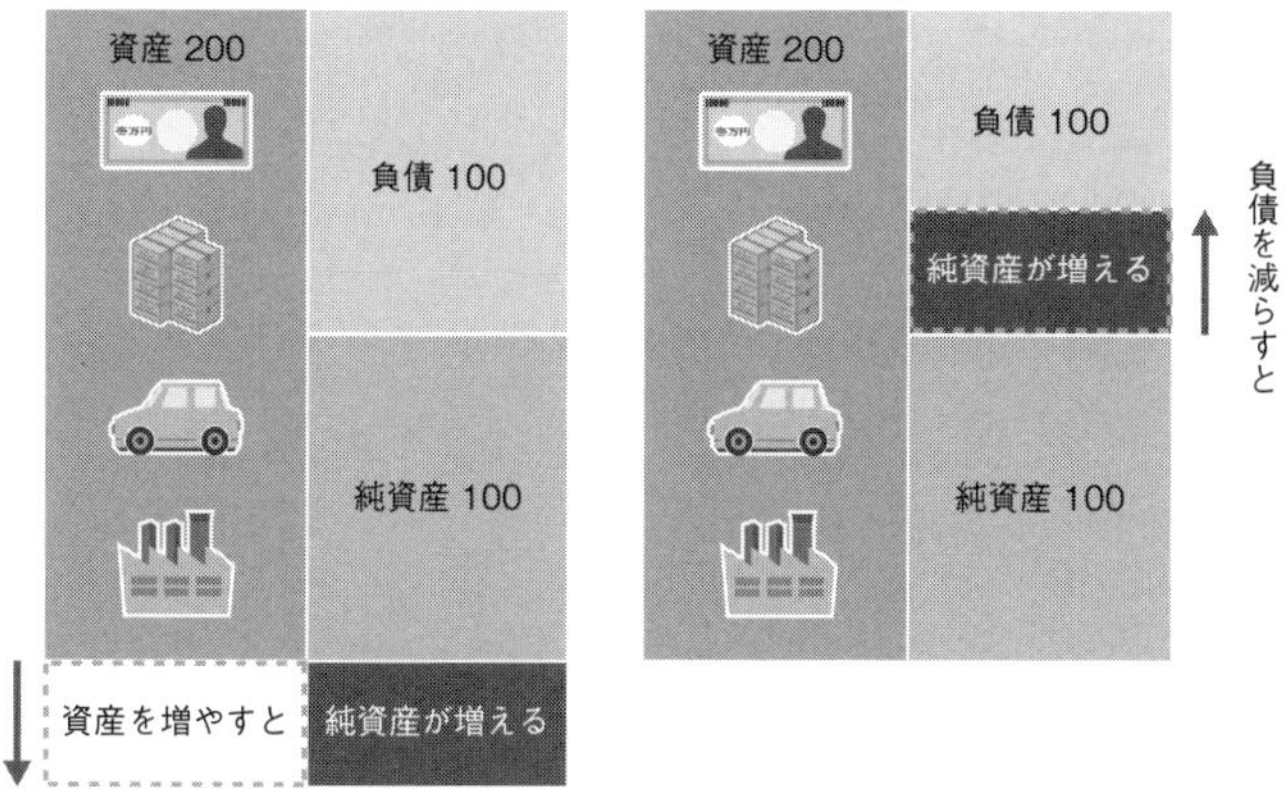

は、なぜウソをつくのかを理解していないといけません。

中小企業が粉飾をするのは、十中八九が、銀行への対策です。そして純資産を増やすことが目的ですから、資産を増やしたり、負債を減らしたりするということです。

負債項目はいじりにくいので、見るべきは資産項目です。現金は、銀行の口座を見れば一目《いちもく》瞭然《りょうぜん》ですからいじれません。また、土地や建物なども取引数が少なく、金額が大きく動きにくいので調べやすく、触りにくい項目です。よって、**売掛金や在庫に変な動きがあればキナ臭い**わけですね。

「比較」と「細分化」で見抜く

序章に書いた数字の見方をわかっていれば、

その怪しさも大づかみで嗅《か》ぎ分けることができます。

まずは、時系列に並べて「**比較**」し、売掛金や在庫が増えてきていると変ですね。ただし、売上が拡大しているとしたら、相応に売掛金は増えますし、在庫も必要になります。そこで次に、「**細分化（割る）**」です。売掛金で期日に回収できていないものがないかを確認します。また在庫も、仕入れた日からの経過日数を見て、長くなっていれば疑わしいですね。最後が「**現地確認**」です。売掛金であれば、相手先に聞けばわかります。在庫であれば倉庫に行けばわかります。

このように粉飾決算も、なぜ粉飾するのか、どのように粉飾するのかがわかっていれば、チェックするのも難しくありません。会社を買う時は、このようなアプローチを取りながら、何か怪しさを感じたら専門家である公認会計士を入れるようにするといいでしょう。そもそも、意図的に粉飾をしている会社は買う対象にすべきではないと思います。

一般的な簿記や会計の本では、このような実務的な話から会計を学ぶことがありません。まず、どのように決算書をつくっていくかとか、特殊な用語である「**借方**《かりかた》**・貸方**《かしかた》」や「**貸借一致の原則**」など難しい用語の説明から始まります。よって、勉強のための勉強のようになって身が入らず、途中で投げ出してしまう方が多いのです。私自身もその一人でした。

しかし会計は、「ビジネス言語」と言われるくらい企業経営には必須のものですし、経営実務に最低限必要なエッセンスだけ取り出せば、難しくもなく、無駄もありません。また、実務をベースに会計を理解していくと、身近な話として面白くもありますので、本書ではそのような説明形式を心がけています。

それでは、企業経営において、ポイント残数（利益剰余金）を増やすどころか、資本金まで食いつぶして銀行から借り入れができなくなってしまわないように、ポイント（利益）の計算ルールを学んでいきましょう。

PLは「率」と「絶対額」で見る

損益計算書（PL）は、読んで字のごとく、会社の損や益を計算したものです。

マンションを友達に貸した場合は、家賃という売上から、管理費などの費用を抜いたものが手元に残ります。これを「**利益**」と呼びます。売上と利益が違うということがわかれば、まずは問題ありません。

ちなみに、BSとPLはどのような違いがあるかというと、**BSはこれまでの成績で、PLは能力を説明するもの**だと言えます。車で言うと、これまで走ってきた距離がわかる走行メーターや燃料タンクに入っているガソリンの量がわかる燃料計はBS、どのくらいのスピードをどのくらいの燃費で走ることができるかがわかる速度計や燃費計はPLです。

走行距離がゼロでガソリンが100リットル（BSを見る）で、速度が100キロ出て燃費が1リットル10キロ走る（PLを見る）車だと300万円の価値があるけれど、走行距離が約10万キロで、ガソリンも空、速度は50キロしか出ずに燃費も1リットル5キロしか走らない車だと「100万円の価値もないよね」という感じです。BSで過去から現在の状態を見て、PLで将来のイメージを確認するということです。

それでは、売上が大きな会社と、利益が大きい会社はどちらがいい会社でしょうか。表を見てください。PLを社会貢献的なイメージで説明しています。

会計の本なのに、なぜ社会貢献の話をするのでしょうか。会社というものは、社会の役に立つがゆえに、永続的に事業を営《いとな》むことができるとも言えると思います。いい商品やサービスを提供するため、顧客が気持ちよく代金を支払ってくれるわけです。「**下請けいじめ**」という言葉がありますが、売上を上げるために仕入れる商品やサービスを過剰に割り引かせたり、納期に無理を言ったり、支払いが悪ければ、業者さんもついていきませんね。

これは従業員の人件費にも言えることです。今は「働き方改革」などとも叫ばれますが、ブラック企業に人は集まりません。いかに従業員が気持ちよく働ける環境をつくるかが企業経営として大切です。また、家賃や水道光熱費を払ったり、銀行から借り入れをして支払利息を払った

売上高	顧客に満足してもらって得るもの
売上原価	売上を上げるために商品を仕入れ、仕入れ業者さんに喜んでもらうもの
人件費	売上を上げるために従業員に働いてもらい、給与を支払って喜んでもらうもの
事務所家賃	売上を上げるために事務所を借り、事務所の大家さんに喜んでもらうもの
水道光熱費	売上を上げるために事務所を借り、電力会社さんなどに喜んでもらうもの
接待交際費	売上を上げるために関係者にご馳走し、関係者に喜んでもらうもの
支払利息	売上を上げるために銀行から借り入れし、銀行に喜んでもらうもの
税金	売上を上げるために公共インフラを使い、国家国民に喜んでもらうもの
最終利益	顧客からもらった売上金から、関係各者に支払いを終えて、残った「自分のもの」

り、最終的には税金を納めることで国にも貢献するわけです。

このように、売上が大きければ大きいほど、その会社に関係する人たちが増え、多くの人たちに喜ばれるわけです。ＰＬを見れば「会社とは誰のものか」を考えることができます。顧客・取引先・従業員・地域・金融機関・国と、それぞれと支え合いながら事業は営まれていきます。

モノが少なかったひと昔前の日本は、小売業のダイエーのように「薄利多売」で、安いものを大量に提供するという商売哲学が主流でした。パナソニックの創業者である松下幸之助氏の言う、水道から水が出るように低価格で良質なものを提供したいという「**水道哲学**」も同じような発想です。

まずは、顧客にモノを届けなくてはいけませんから、売上が大きければ大きいほど、世の中に貢献しているという考え方でした。しかしこの商売哲学は、バブルがはじけ、金融ビッグバンで銀行依存経営が厳しくなった頃から「**売上至上主義（売り上げ重視）**」と呼ばれ、批判されるようになってきました。

なぜ今、「売上至上主義」が批判されるようになったのでしょうか。

BSのところで説明しましたが、株式会社の概念としては、会社が保有している資産は、負債か資本から生まれていきます。しかし、銀行からの負債だけで現金を準備でき、資産を買える（資産に変える）ことができれば、投資家から資金を調達する必要はありません。そのため、投資家からの意見はあまり重要視されなくなります。

実際に、ひと昔前の日本は、「**株式持ち合い制**」と呼ばれる、企業間で株式を持ち合う形を取り、お互いの会社運営に口出しをしないという暗黙のルールがありました。一方で、銀行から借り入れが多く「**メガバンク制**」と呼ばれるほど、銀行主導で会社経営がなされることが多かったのです。

このような日本型経営はすっかりガラパゴス化してしまいました。その結果、世界から資本を呼び込めなくなったり、金融ビッグバンで銀行自体の自己資本比率を世界基準にしなければいけないという外圧から、企業への過剰な融資ができなくなったりしたことで、日本型経営の「売上至上主義」は大きく転換することを余儀《よぎ》なくされたのです。

そして、新しく重要視されるようになったのが「**利益至上主義**」です。

ＰＬに戻ると、すべての費用を払い切って、残った利益が自分（株主）のものになるわけですが、この**利益を最大化させるのが、資本主義社会においてはとても重要**だということです。株主として拠出した自己資金（資本金）に対して、どれだけの利益を出し配当に回せるかが、株主目線ではいちばん重要な指標だからです。これを**ROE（Return On Equity：自己資本利益率）**と言います。

売上重視→利益重視が大切

今では、「売上至上主義（売上重視）」について調べると、会社にとって問題のある思想のように書かれていますが、私は、そこまで批判するものではないと考えています。というのは、ベンチャーキャピタリストとして1000人以上の経営者を見てきましたが、彼らが1の売上をつくるためにどれだけ苦労しているかを知っているからです。

売上がなければ会社は存在しません。売上をつくるということは、世の中に何かを生み出し、人々に貢献しているのです。無駄な費用がかさんでくれば、それを見直すというスタンスが必要です。

つまり、売上至上主義（売上重視）を行ったあとに、利益至上主義（利益重視）が存在しうるのです。当たり前ですが、売上がないのにコストカットはできません。

また、利益重視となって、コストカットばかりしていると、会社を取り巻く人たちに無理なしわ寄せが行く可能性もあります。それぞれの満足から生まれるモチベーションが事業を継続させるわけですから、それを断絶させることにもなりかねません。会社は売上と利益の両面を大切にしながら、経営されなければいけないのです。

また、中小企業を買うという視点から言えば、売上は大きいほうがいいです。売上を生み出すのは難しく、小さな組織であればより難しくなります。むしろ、売上が大きい会社を筋肉質に変えていくほうが、比較的難しくないのです。

どこに〝贅肉〟があるかを見つけて改善していけばいい、ということです。そこでまずは、売上のカサを見て、その後に利益を見ます。そして利益の見方は、売上に対してどのくらいの利益「率（割る）」なのかです。

卸売業のように、商品を仕入れて販売するという商売であれば、仕入れた商品に少ししか利益を乗せることができません。ありものの商品は、多くの人が扱えるものですから、買う側もそれほど付加価値を感じないからです。一方で、製造業のように材料から加工して販売する商売となると、オリジナルなものをつくるという点において、製造販売できる先が少なくなり、付加価値も高いことから、利益率が高くなります。

売上高（売値）に対して、仕入れた商品や加工した製品の原価を差し引いて計算される利益を会計的には「**売上総利益**」と言います。実務的には、その他の費用である人件費や家賃などが差し引かれていない〝粗々の利益〟という意味で「**粗利**《あらり》」と呼ばれます。

売上に対して粗利が何％あるかが「**粗利率**」です。卸業であれば、付加価値を出しにくいので15％くらいですし、製造業であれば付加価値を出せるので30％くらいは超えています。一般的には、付加価値の指標とも言える粗利率の高いビジネスが勝ちやすいと言われます。

「割合」で見た後は「**絶対額**」でも見て欲しいと思います。

たとえば、1億円の売上の卸業の会社があって、粗利率が15％だと、1500万円が粗利となります。一方で、5000万円の売上の製造業が粗利率30％だと、粗利は1500万円となります。粗利の「絶対額」では同じですね。

会社を買う時に「絶対額」目線で見て欲しいのは、必ずしも粗利率が高いからすべてOKとはならないからです。とくに中小企業の場合は、長い間、大手から仕事を受けて単価交渉をしていないという会社が多くあり、売上のカサが大きければ、少しの粗利率改善で利益額を大きくできるチャンスがあります。

私の投資先では、粗利は30％以上と見積もりを出すルールを決めている会社がありました。投資前は、粗利率の設定をしていなかったので赤字受注などもありましたが、我々が入ることで30％ルールを徹底することにしました。それでも当初は、「粗利率25％くらいの販売価格で客先から要望されそうなので、その販売価格で見積もりを出させてもらえないか」というお願いが上がってきましたが、「ひとまず、30％で押し切ってみよう」と押し返しました。すると、なんだかんだで、30％で受注できるようになりました。

この会社は、月に３０００万円ほどの売上でしたから、５％の差は、絶対額では１５０万円の差です。「この一交渉で、従業員の３人から４人分の給与が出るんですよ」と言うと交渉のモチベーションも上がります。

私の知り合いの投資先では、Ａという大手販売先に商品を長年納めてきて、ほかには営業活動をしていませんでした。それをＢという販売先に営業に行っただけで、粗利率が20％も改善したケースがあります。つまり、協力会社のような形で一社取引になっていたために、自分たちの技術を正しく評価できずにいたわけです。年間売上の1億円の会社で粗利が20％も改善したら、絶対額だと２０００万円も利益が出るわけですから、とても大切な話です。

このように、中小企業には改善の余地が多くあります。株主であるオーナーが社長を務めているため、大手企業のように株主などの目＝〝外圧〟がないために、これまでのやり方を変えない運営がまかり通りやすいからです。

相見積もりを取ったり、価格交渉をしたりせずに、大手企業におんぶにだっこで長年の取引を継続し、思考停止してしまっている会社も多いため、売上のカサが多いほうが改善の余地があるとも言えます。会社を買う時は、売上の中身を見て、どのくらいの単価で、どのような先に売っているのかを確認して、改善を考える必要があります。

営業利益は本業の実力が出る

中小企業の会社の値段を付けるのは「純資産＋営業利益3年から5年分」ですから、もちろん重要なのは、**営業利益**です。

序章で、2軒目のマンションという形で説明しましたが、おさらいします。

購入したマンションを誰かに貸し出すと、収入と支出が発生します。民泊ビジネスで有名になったエアビーアンドビーのようなイメージで、賃貸に回すために2軒目のマンションを買ったケースを考えましたね。

2軒目のマンションとなれば、いくらで貸せるか（**収益性**）が非常に重要です。マンションを貸し出した時に、貸し出した家賃がそのまま自分の懐《ふところ》に入ってくるわけではありません。支払いも生まれてきます。

収入としては、家賃。それに対して支出は、マンションの管理費、修繕積立金、賃貸管理会社への支払い、エアビーアンドビーなどで集客すれば、その使用料などの諸経費がありました。この家賃（売上）から諸経費（費用）を差し引いたものを、会計では「**営業利益**」と言います。「営業」と名前がついているのは、売上から営業に関係する費用を差し引いた利益だからです。

この営業利益から、銀行への支払利息を差し引いたものが「**経常利益**」。経常利益から、支払い税金を差し引いたものが「**最終利益**」です。

利益にはこのように、粗利、営業利益、経常利益、最終利益（当期純利益）とありますが、**会社を買う場合に基準となるのは、営業利益**です。「本業の実力を見る利益」とされるからです。

粗利は、商品ごとや取引ごとの利益で、人件費や販管費が加味されていないため、本業全体を見るのには弱いのです。一方、経常利益は、借入金の支払利息などが考慮されたものになり、借入金の多寡《たか》で数値が変わることから、営業利益より事業の全体像が見えにくくなります。最終利益は税金が考慮され、税金の額は会社の前年度の利益などに影響を受けたりしますから、経常利益より全体像が見えません。

このように、営業利益が本業の実力を見るのに最適とされているため、会社の値段を付ける際

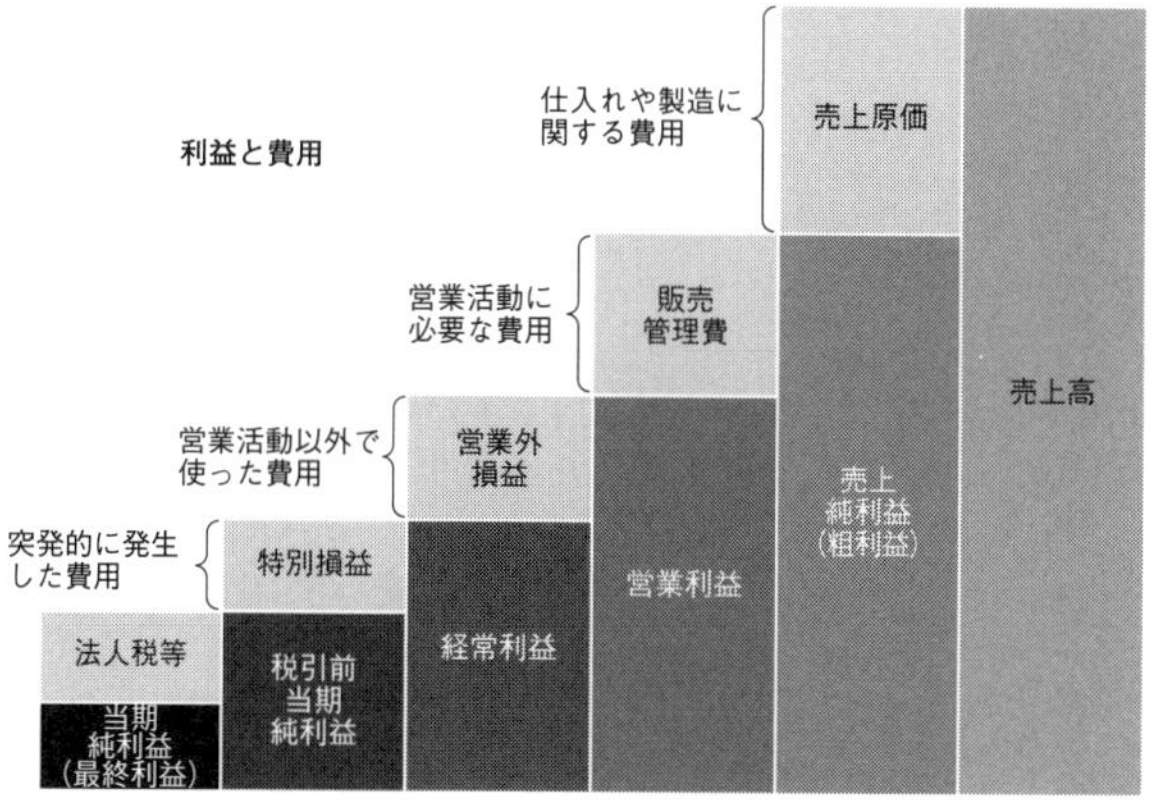

は、「純資産＋営業利益3年から5年分」と表現されるのです。

現時点での会社の価値（純資産）に、将来の利益分（営業利益3年から5年分）を加えて計算しようということですね。会社はモノではなく、将来的に利益を生み出しますから、その営業利益分も加味した計算式になっているのです。

しかしなぜ、3年から5年分なのでしょうか？

実は、経営者がリスクの高い意思決定をする場合、「その投資が3年くらいで回収できるイメージが立てば実行しよう」と考える、〝なんとなくの相場観〟があったりします。

私もベンチャーキャピタリストとして数々のビジネスを見てきましたが、10年もそのままの形で続く事業はそんなにありません。10年続いている会社は、事業内容を少しずつ変えながら生き残っているケースが多いのです。

ですから、経営者の感覚として、「会社を買う」という設備投資などに比べて高いリスクを取る時に、投資額が10年経って回収され、そこからようやく投資の利益が出るというのでは、「先すぎて怖い」となるわけです。そのようなリスクを取るのは5年程度。自分の知らない業界や安定的に利益が出るようなビジネスモデルでなければ3年が限界、と考えます。

また、銀行目線もあります。会社を買う時に、銀行から借り入れを行うケースがよくありますが、その場合、銀行への返済期間は5年から7年くらいを要求されます。営業利益は税金などを加味していませんので、簡易的に営業利益から3割の税金を払うとしたら、7割が返済資金になります。3年から5年を7で割り戻せば（0・7で割れば）、4・2年から7・1年になりますね。

ちなみに、会社を買う際の融資制度として、「**経営承継円滑化法**」が施行され、事業承継専用の窓口が各都道府県（商工労働部中小企業支援課というような名前が多い）の管轄で整備されています。詳細はホームページなどを確認してみてください（http://www.chusho.meti.go.jp/zaimu/shoukei/pamphlet/2012/download/1003Shoukei-4.pdf）。

ここで、少しだけ専門的な話をすると「純資産＋営業利益3年から5年分」という指標以外に、「**EBITDA（Earnings Before Interest, Taxes, Depreciation and Amortization：イービッダ）**」という指標もあります。EBITDAは、税引前利益に、特別損益、支払利息、減価償却費を加算した値ですが、ややこしいので、中小企業の会社の買い方ではこのような覚え方は不要です。EBITDAとは、営業利益に「**減価償却**」を加えたもの、と覚えてください。

減価償却は非常に重要な概念ですので、しっかりと頭に入れておいてください。

ＢＳの説明で「減価償却累計額」を、資産の劣化した部分を金額で表現して、資産のマイナスとして表示するものだとお伝えしました。

おさらいすると、マンションで言えば、マンションを使える期間（耐用年数）は、鉄筋構造であれば30年ほど。30年経てば、マンションの価値はほぼゼロ。毎年、その劣化した金額をメモしておきましょう、というものでした。３０００万円で買ったマンションであれば、30年で資産価値がゼロになるわけですから、毎年１００万円の価値が目減りしていくという計算になります。このように毎年、目減りしていくことを「**減価償却**」と言い、その合計を「**減価償却累計額**」と言いましたね。

マンションを買って5年後だと、ＢＳには購入価格３０００万円が表示され、5年間の減価償却の累計額である５００万円がマイナスとして表記されます。買った時の価値も、経年劣化した金額も、両方がわかるように表記されています。

減価償却累計額が大きければ、資産の購入時期が昔であるということですから、次なる設備投資が近い可能性が高く、また中小企業は、大企業ほど定期的な設備投資をしていませんから、工場を建てた時に買った機械設備をそのまま使っているということが普通です。そのため、それら資産の使える期間が終わる「耐用年数」が目前に迫っていて、会社を買った直後に大規模な設備投資を一気に行わなければいけないことも想像しましょう、ともお伝えしました。

現金の支出をともなわない費用

ＰＬでは、「減価償却」の概念をもう少し詳しく説明します。

２軒目のマンションの例で言えば、システムキッチンを新しく入れて資産価値を上げたような場合です。そのシステムキッチンを10年は使います。でも、お金は買った初年度に出ていきます。10年後には、またシステムキッチンを入れ替えなければいけませんので、その設備投資を見据え、資金を積み立てておく必要があります。

初年度に一気に費用で計上してしまうと、初年度は大赤字で、２年目以降には反映されなくなりますから、期間ごとの適切な比較ができなくなります。そのため、耐用年数で費用を計上するということになっているのです。

減価償却のイメージ（定額法）

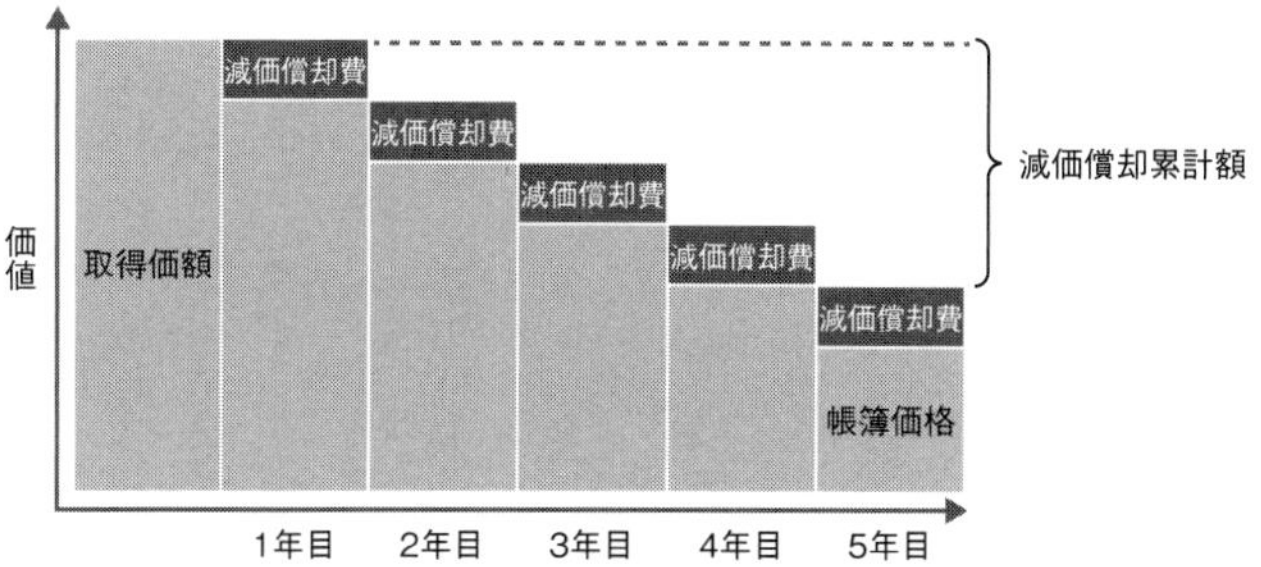

ここから、10年間という使用期間で投資額を分割して支払ったと考えて処理しておくことになっています。

システムキッチン１００万円を初年度に買った場合、10年間使用しますから、毎年10万円ずつ支払ったと考えて費用に計上していきます。ただし、現金は初年度に支払って（減って）、システムキッチン（資産）に変わっており、実際には毎年現金を支払っているわけではありませんので、代わりにシステムキッチンという資産価値を10万円ずつ減らしていきます。

通常の費用は、人件費や家賃など現金の支出をともないますが、減価償却費が特殊なのは、費用として計上されるにもかかわらず、現金の支出をともなわない点です。初年度にシステムキッチンを買うために現金を先払いし、減価償却費は10万円となりますが、２年目以降は現金支出がないのに10万円として費用計上されます。

これは、コーヒーチケットでイメージしてもいいかもしれません。

一杯500円、10杯分のコーヒーチケットを買えば、先に5000円を払うことになります。毎回チケットを渡し、コーヒーを出してもらいますが、その時は現金を出さずに領収書をもらうこともでき、500円を費用として計上することができます。

チケットを買わなければ、毎回現金を出して領収書をもらうことになります。チケットの場合は毎回現金を出さなくていいですが、その分を貯めておかないと、次のチケットは買えません。費用の計上は毎回500円ですが、現金が出ていくタイミングが最初なのか、毎回なのかの違いが生じます。

これを会社で考えれば、粗利が1000万円で、その他の経費が490万円、減価償却費が10万円だとすると、営業利益は500万円になりますね。すると大雑把に言って、本業で500万円の現金を得たと考えられそうです。ただ、減価償却費が10万円ということは、費用としては10万円を計上したものの現金の支出はないので、営業利益に10万円を差し戻して、510万円の現金を得たと計算するのです。

つまり、本業で生み出した現金を計算するのに、営業利益に減価償却費を足せば、簡易的に生み出された現金の額がわかるということなのです。

中小企業で言えば、工場を持つ製造業や飲食店のような店舗展開をする商売は設備投資が大きく、減価償却費も大きくなります。設備投資は、耐用年数が終わった後に新規で設備投資しなければいけませんので、減価償却費で計上されて貯まっていく現金は使わずに、次なる設備投資に積み立てておかなければいけません。10年間のリース料を先払いしただけと考えてもいいでしょう。

営業利益に減価償却費を加えたものから、税金の支払い30％を差し引けば、年間で銀行に返すことができる返済額がわかります。営業利益５００万円で、減価償却費10万円であれば、簡易的EBITDAが５１０万円。税金が営業利益の30％で１５０万円ですから、５１０万円から差し引いた３６０万円が返済資金に回せるイメージです。

会社の買収資金の返済が7年間なので、３６０万円の7年分で、２５２０万円までは借りられる計算になります。EBITDAの約5年分（5倍）になりますね。

このように、「純資産＋営業利益3年から5年分」以外の指標として、「EBITDAの何年分（通常、「何倍」と言います）」というものもあるのです。EBITDAの場合は、4年（4倍）から6年（6倍）が相場になります。

キャッシュフローで価値を見る

EBITDAを使う時は、「株式価値」ではなく「EV（Enterprise Value）」を算出します。

みなさんが会社の価値を金額で表記するように言われた時、まず思いつくのは資産の合計だと思います。しかし、これまでお伝えした通り、資産は負債と資本を使って生み出したものですから、会社を閉じると考えた時には、資産の一部は負債権者のもの、一部は資本家（株主）のものと考えます。負債のほうが強いので、株主分は残ったものが該当します。

これとは、少し違うアプローチで計算するのがEVです。

EBITDAは会社が営業活動で生み出す現金（キャッシュフロー）に近いものです。このキャッシュフローがどのくらい続くのかを評価して価値を計算します。

EBITDAが1年で510万円であれば、5年間で2550万円となります（本当はここで「利回り」なども考えるのですが、簡易的な説明のため省き、単純に「2550万円の現金を生み出す価値がある事業」と考えます）。その2550万円の現金を生み出す事業は、債権者と株主のものであり、「企業価値」と呼びます。もし、そこで運転資金などに関係のない「余剰の現金」があった場合は、その余剰現金で、一部の負債を債権者に返せると考えて、負債の額から差し引きます。

これがEVと呼ばれるものです。

EVとは、借入金から余剰現金を控除し、株式価値を足し合わせたものと考えれば、問題ありません（図参照）。

要するに、会社を買う時の目安である「株式価値＝純資産＋営業利益3年から5年分」という基準は、純資産という現在のハコの価値に将来の収益を上乗せして計算したものです。

一方で「EBITDA 4倍から6倍」というのは、負債の絶対額（Net Debt　ネットデット：「負債－余剰現金」）も評価基準に入れて判断したものになります。これは、営業活動の将来のキャッシュフローに近いものに対して、何年分くらいの負債と株式価値（買収の金額）になるのか、ということです。相場は、これの4年分から6年分になります（厳密に言うと、営業キャッシュフローは、流動資産や流動負債などを加味しないといけませんし、EBITAが支払利息や現金などを控除するのは、各企業の財務内容や属する国などの税率によって利益が変わることから、同業種を比較するためにこの基準を使うなど、いろいろと細かな説明はあるのですが、複雑になりすぎますの

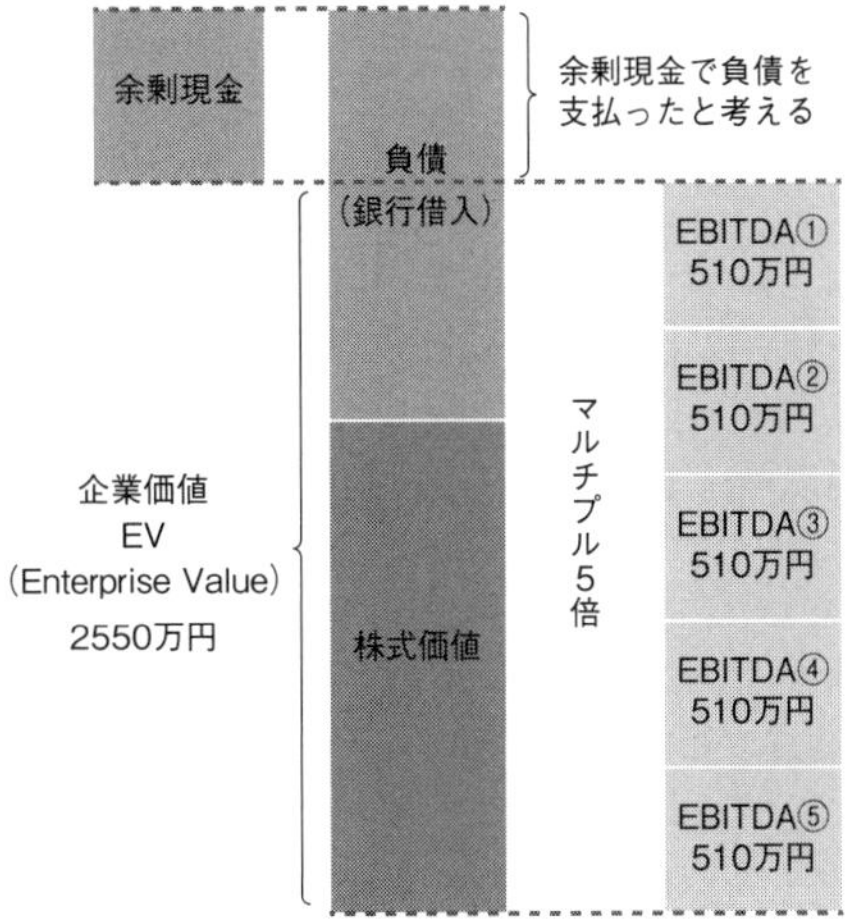

で、専門書に説明を委ねます）。つまり、端的に言うと、EBITDAは負債の返済リスクも含めて、より詳しく投資の回収を計算できる指標ではあるのですが、中小企業のオーナーに説明するには難しい用語なので、中小企業のM＆Aではあまり使いません。

ただし、読者のみなさんには両方の指標で検討してもらいたいと思います。というのも、「純資産＋営業利益3年から5年分」だけだと、純資産が必要以上に大きく、利益水準の低い会社を割高に購入してしまう可能性があるからです。

純資産が1000で、営業利益が100（減価償却20）の会社を「3年分」で買えば、1300になります。一方で、純資産が400で営業利益が300（減価償却20）の会社を、同様に「3年分」で買えば同じ1300になります。しかし、純資産が1000もあるのに100しか利益を創出できない会社は、300の純資産で400もの利益を創出する会社にはROIで勝てませんね。

資本家のマインドセットとしては、後者を買うべきなのですが、日本では前者を買う人もいます。これは土地神話のなごりです。

仮に前者の会社に土地の資産があった場合、土地は値段が下がらないから、買っても（持っていても）別にかまわないと考える人がいるのです。その土地が取引価格にあった利益を生み出さなければ土地自体の価値はないのですが、日本では、土地にやさしい考えの人がいます。
よって、資産の価値を無視し、減価償却を考慮して、現在のネットデッドと将来生み出すキャッシュフローに近いEBITDAの指標で、会社の値段を見たほうがより保守的に判断できるのです。

先の例で言うと、純資産が1000で、営業利益が100（減価償却20）の会社をEBITDA「5年分」で評価すれば600になります。一方で、純資産が400で、営業利益が300（減価償却20）の会社をEBITDA「5年分」で評価すれば1600になります。ネットデッドが仮に同額だとすれば、前者と後者で1000も違いが出てくることになります。そのくらい、前者は純資産の割にキャッシュフローを創出できていないということになるのです。

このようなEBITDAで見る文化が根づかないもうひとつの理由は、銀行の担保《たんぽ》主義が関係しているとも考えられます。

純資産が1000で、営業利益が100だと、銀行としては、純資産分の1000は「資産見合いの貸付」として承認しやすくなります。これに営業利益の3年分とか5年分などを「運転資金的な貸付」として承認してくれるのです。

一方で、運転資金見合いの貸付は、担保主義の銀行としては積極的ではありませんから、後者だと資産見合いの貸付割合が小さく、運転資金的な貸付が大きいので、全体の貸し出しリスクを高く感じるようです。そのため、資産が大きい前者のほうがお金を借りやすくなり、そちらの会社のほうが「買いやすい」と考える人が多くなるのです。

3社に2社が「利益マイナス」

国税庁の調査によると、2014年度に利益を計上した法人が87万6402社あるのに対し、赤字（欠損）法人は172万9372社。割合で言えば、黒字法人は33・6％で、世の中の企業のうちの3社に1社にとどまります。日本企業の実に3社に2社が赤字という統計数値です。

ただし、赤字だからといって、世の中に「必要ない会社」とは限りません。赤字になるとすべてダメな会社、不要な会社だとしたら、日本は3分の2が要らない会社になってしまいます。

一定の売上があるということは、それだけですでに日本経済に貢献していると言えます。また、中小企業は節税対策もしているので、本業自体が損を出しているとも一概には言えません。

「1円会社」は意外とある！

節税対策のため利益を出さずに運営しているような企業は、利益剰余金が貯まっておらず、一時的に赤字が出ればマイナスになりますから、純資産がゼロまたはマイナス。そういう会社はたくさんあります。

純資産がマイナスの状態は「**債務超過**」でしたね。債務超過であるにもかかわらず会社が潰れていないということは、節税対策でポイント（利益剰余金）を消費し、会社自体には利益剰余金が残っていないだけかもしれません。

純資産がマイナスであれば、利益剰余金が貯まっていないわけですから、その会社に優れた技術があったとしても、会社というハコ自体に価値がないどころかマイナスなので、あまり値段が付きません。

また、本当に事業で赤字が続いている場合は、社長が個人的に損失を補塡する（報酬を返す）形で貸付をしていることが考えられますし、さらに深刻な場合は、返せない借金を抱えていて、銀行に猶予《ゆうよ》してもらいながら何とか凌《しの》いでいるのかもしれません。

事業で赤字が続き、利益剰余金のマイナスが純資産の額を超えて債務超過の状態になっていれば、オーナーの個人貸し付けであれ、銀行などからの借入金であれ、その状態を凌ぐにも限界があります。そんな時に、「これまでの借金を肩代わりしてくれれば会社をタダでも譲りたい」というような会社が出てきます。「**1円売買**」です。

「1円で売るぐらいなら会社を清算すればいいじゃないか」と思うかもしれません。しかし、会社を清算するのは、とんでもなくたいへんな労力が必要です。従業員を無職にしてしまい、取引先にも顧客にも迷惑をかけることになります。また、債務超過の状態で会社を潰してしまうと、債権者に追加の支払いを迫られることになります。もしも個人保証がついていたとすれば、自宅など財産が没収されるかもしれません。

そうなるぐらいなら、1円でもいいから会社を貰《もら》ってほしい、経営を引き継いでほしい、と考える社長は数多くいます。なにしろ世の中の3分の2が赤字会社なのですから、そういう会社も少なくはないとお気づきいただけるでしょう。

そして、これまでの計算式をあてはめれば、現実に1円企業もありうるとおわかりいただけると思います。

株式価値は「純資産＋営業利益3年から5年分」ですから、純資産が0円で営業利益0円の会社なら0円と言えます。純資産が300万円で営業利益がマイナス100万円ならば、やはり0円です。

さらに、0円を下回ってくることもありえます。純資産500万円で営業利益がマイナス200万円であれば、この計算式による評価額はマイナス100万円です。このままいけば3年後には債務超過――という状態ですね。

こうしたケースでは、「1円売買」が成立することが実際にありえます。

こうした会社を必ずしも買ってはいけないのかというと、そうでもありません。価値がない会社なのになぜ？　と感じる人が多いと思いますが、その疑問も、本書を通じて解消していきたいと思います。

13億円が1円になった例

知人が起業した会社に、「セカイエ」という大阪府大阪市のＩＴ企業がありました。日本全国対応のインターネットによるオンラインリフォームサービス「リノコ」を事業化しています。

ビジネスモデルの特徴は、日本全国各地の実績のあるリフォーム会社と提携したネットワークを持ち、リフォームをしたい施主と、リフォームの施工会社（工務店）をマッチングできるところにあります。

使い方は次の通り。自分の住まいの住所と電話番号、リフォームしたい内容（水廻り、インテリア、エクステリア、屋根・外壁等）を選択し、詳細メニューを決めていくと、概算見積もりが出て、さらに比較的距離の近いリフォーム会社を紹介してくれます。

一般の人は、リフォームの施工会社についての情報がほとんどありません。また、施工の値段もあまり明確ではなく、追加費用を要求されることもよくあります。

しかし、このマッチングサイトを利用すれば、実際に施工をする町の工務店に直接つながり、リーズナブルに施工することができます。また、「追加費用なし」というスタイルを取っているため、明瞭な価格体系で安心して利用できる便利なWebサービスになっています。

このセカイエを2015年1月、ソーシャルゲーム開発のGREEが買収しました。買収価格はなんと、13億円。まだとても小さな会社でしたから、かなりの高額です。

GREEは、新規事業としてリフォームマッチング事業に参入しようと考えたのです。しかしその2年後の2017年3月、GREEはセカイエを不動産売却の一括査定サイト「イエイ」を運営するQ社へ、なんと「1円」で売却したのです。

13億円で買ったものを1円で売ったわけですから、GREEの投資は大赤字になります。それでも手放したということは、このセカイエのリノコ事業がまったく振るわず、経営が破綻《はたん》しているような状態だったのでしょうか。

実際には違いました。GREEはリノコ事業を成長させるため、多額の広告費用を投下し、積極的なシステム開発を行い、提携リフォーム会社のネットワークも構築することで、ビジネスそのものは成長していたのです。M&Aが行われた時点での売上高は前年比2倍強の約16億円に伸び、リノコはリフォームマッチングサイトとして高い存在価値を有していました。

にもかかわらず、なぜGREEはセカイエを売却したのか。なぜそれは1円だったのか。

GREEがセカイエを売却した理由は、GREE本体の経営戦略の転換にあったそうです。多角化があまりうまくいっていなかったGREEは、得意とするゲーム事業などに経営資源を集中すると決め、本業以外の事業から撤退を決めたのです。

また、売却額が「1円」になった理由もちゃんとありました。リノコは前年比大幅増収の16億円の売り上げを立てた一方で、5億7000万円の赤字でした。純資産もマイナス4億円で、言ってみれば債務超過の状態。この大幅な赤字の要因は、広告宣伝費や開発コストです。**GREEはリノコを成長させるために巨額の資金を投じて事業推進をしていたため、赤字だった**のです。つまり、これは先行投資による「**戦略的な赤字**」です。

しかし、この状態で一般的な中小企業の企業価格の計算をすると、「株式価値＝純資産＋営業利益3年分」として、純資産マイナス4億円＋（営業利益3期分＝マイナス17億1000万円）＝マイナス21億1000万円。大きなマイナス評価になってしまいますね。会社の値段がマイナスというのは設定できないので、そこで「1円」という売買価格がありえたわけです。

しかしながら、この時点でのリノコの実際の経営状況を見てみると、もうビジネスは出来上がっていて、年間16億円の売上が立っていました。つまり、スタートアップ期は越え、事業はきちんと回転していたのです。広告宣伝費を抑えるなど、コストをコントロールすれば、すぐに黒字化することも可能だったはずです。

ここが企業経営の難しいところで、ＧＲＥＥほどの規模の会社であれば、売上16億円程度の事業では面白味がなかったのでしょう。いち早く50億円、１００億円へとビジネスを大きくすることを考えていた。だからこそ、年間５億円の赤字が出ても事業を進めていたはずです。一定の売上規模になれば広告費も効率化され、開発も落ち着くなどの目論見《もくろみ》もあったでしょう。しかし、それを実現させる前に親会社の方針で売却が決まってしまいました。

「無形の価値」を見抜く

それにしても、１円での譲渡はとても安かったのではないか——と私は思います。実際に売却後には黒字化できた、というニュース記事もありましたし、これまでの投資でつくり上げてきたリフォーム業界でのＷｅｂマーケティングのノウハウや所属するエンジニア、リフォーム業者とのネットワークなど将来の利益を生み出す**「無形の価値」**を考えると、もう少し値段を付けてもよかったのではないかと思います。

これは想像でしかありませんが、ＧＲＥＥの主要事業であるゲーム事業の売上や利益のサイズに比べ、リノコの売上や利益は微々たるものです。また、ネットビジネスは、スピードが命です。売却と決まれば、すぐに意思決定をしていかなければ、他の事業にも影響を及ぼす側面があったのではないでしょうか。なんと言っても、リノコの赤字はしばらく続きます。ひと月の赤字が5000万円でしたから、交渉が1ヵ月延びただけで5000万円の損失が生まれます。売却を意思決定していたため、将来の収益が自分のものになるわけではないですから、赤字は投資ではなく、単なる損失となってしまうわけです。

よって、すぐに買ってくれる先なのであれば、細かな交渉を入れることなく売却すると決めたのでしょう。それがたとえ「1円」という値付けであっても。

1円譲渡とは逆に、非常に高値が付く会社もあります。

たとえば、第二種金融商品取引業の登録を持っている会社は、売上がなくとも、それだけで数千万円で買い手がつくケースがあります。第二種金融商品取引業は、ファンドなどをつくる時に必要な許認可で、これを取らないと広く投資を募ることができなかったりします。

しかし、昨今の投資詐欺《さぎ》の多発により、監督官庁が簡単に認可してくれなくなりました。すると、すでに認可を取っている会社は、新規で投資ファンドをつくりたい人などが、「それなりに高い値段を出してでも買いたい」となるわけです。

このように**会社の値段というのは、BSやPLに出てくる数値だけでなく、さまざまな要素に**

よって決まります。さらに、オーナーの意思決定の心情的な部分やタイミングなどの「変数」も関わってきます。よってオーナーの売却意向の根源となるものを正確に見極めて、値段だけでなく、さまざまな「交渉」をしていく必要があります。

ここまでで、ビジネスで最低限必要となる会計（簿記3級程度）の概念的な理解はクリアしました。みなさんは経理マンになるわけではないので、細かな用語を覚える必要はなく、簿記の計算ができる必要もありません。大切なのは、ＢＳやＰＬを見て、経営数値の大きな流れを理解できることです。

大きな経営数値の流れを理解できた方は、「３００万円で会社を買えるか？」という問いに対して、「買えないわけはない」と即答できるようになっていることでしょう。

実際に会社を買う時は、同じような商売の規模でも、純資産は資産の評価方法や負債の金額で大きく変わります。また営業利益も、売上や費用を含めて「質」を見ないといけません。さらには、モノの値段が決まるのとは別次元で、会社の値段は〝気持ち〟や〝タイミング〟にも左右されます。

これらのことを考えれば、うまく情報を取り、適切に交渉していけば、サラリーマンが出せる自己資金の範囲内で、リーズナブルな案件を見つけることは十分可能です。

第２章　「危ない会社」を見抜くには？

「半沢直樹」の復讐劇

2013年の大ヒットテレビドラマ「半沢直樹」を観ていた人は多いのではないでしょうか。あれほど面白いドラマはなかなかないですよね。

最終話の平均視聴率42・2％は、平成以降の民放テレビドラマで第1位。視聴率を調査するようになった1977年以降の民放テレビドラマでも、1983年放送の「積木くずし〜親と子の200日戦争〜」、1979年放送の「水戸黄門　第9部」に次ぐ第3位だそうで、いかにすさまじい数字かがわかります。

さて、半沢直樹の復讐《ふくしゅう》は、彼が中学生の頃、町工場を経営する父・慎之助が、会社の倒産を苦に首吊り自殺をすることから始まります。その時に、倒産のきっかけをつくった銀行マンの大和田暁に復讐を誓った半沢は、大和田の勤める産業中央銀行（のちに合併して東京中央銀行）に入行するのです。

銀行マンが、いったいどのようにして父親の会社の倒産のきっかけをつくったのでしょうか。

半沢ネジは産業中央銀行から融資を受けていました。しかし、大手取引先が倒産したことにより、半沢ネジは売掛金が回収できなくなって資金繰りに困ります。そこで、メインバンクの産業中央銀行に懇願し、土地を追加で担保《たんぽ》に入れることで追加融資をお願いしたのです。ところが、ギリギリのところで断られてしまいます。その後、地元の信用金庫が融資を提案してくれたものの、「時すでに遅し」と判断したのでしょう。慎之助は工場で自死を選んでしまったのです。

銀行の融資には大きく分けて2種類あります。会社側から見て、1年間で返済しなければならない「**短期**」**の借入金**と、5年や7年などと返済期限が「**長期**」**の借入金**です。

銀行側が担保を取っていない貸付金に関しては、貸し付けた会社側に「返さない」と居直られてしまえば、それ以上の返済を求めることはできません。まさに「無い袖《そで》は振れない」です。よって、長期の貸付金（会社から見ると長期の借入金）に関しては、担保で回収できる金額をベースに融資をします。

一方で、短期の貸付金については、「**裸融資**」と言いますが、担保なしで貸付を行います。これは、1年間という短期で返してもらいます。銀行からすれば、担保がなく回収できないリスクが高いですから、毎年返済をしてもらってリセットし、会社の業績を見ながら改めて同額を貸し出すかを審査し直す、というプロセスを踏《ふ》んでいるのです。

半沢ネジの場合はどうだったのでしょうか。

これは私の想像も入りますが、長期の借入金は担保の与信《よしん》枠限界まで借りていて、大型取引先の倒産で返済がままならなくなり、短期の裸融資分についても追加の担保差し出しを求められたのではないでしょうか。

通常、追加で担保を入れられる緊急的な融資は、メガバンクであれば応じてくれそうなものですが、それに応じてもらえなかったがゆえに、半沢直樹の父・慎之助は自死を選びました。そして、苦境にある父を救うどころか追い込んだ産業中央銀行と大和田への半沢の復讐劇が始まるわけです。

銀行の貸し止めでも会社は飛ぶ

会社側から見て、1年ごとに支払い期限が来る短期借入金で、なぜ会社の資金繰りが維持できるのでしょうか。返済期限が来る前に、新規にまた同じ額の短期融資を受けて、「**つなぐ**」からです。事実上、同じ額の借入金を継続して借りているということになります。こうやって短期の借入金をつなぐことを、金融業界では「**ロールオーバー（ロール）**」と言います。産業中央銀行の大和田は、半沢ネジに対するロールを止め、担保の提供を求めたうえに、その融資すら実行しなかったのです。

半沢ネジのように、短期借入金のロールを繰り返している会社は世の中にごまんとあります。こうした会社に「お金」という血液を送り込んで（融資して）、その会社が経営を継続できるように支援するのが銀行の大切な役割です。

いざ会社が倒産してしまえば、その会社に貸しているお金が回収できなくなってしまうばかりか、取引関係にある企業に連鎖倒産が起きてしまうかもしれません。社長はもちろん、従業員もみんな職を失うため、給与支払いなどの口座を使ってもらえず、取引が切れてしまうかもしれません。倒産は、その会社や経営者だけでなく、銀行側にとってもデメリットが大きいのです。

にもかかわらず、ドラマ「半沢直樹」では、大和田は融資を継続しませんでした。半沢ネジは、運転資金として短期の借入金を産業中央銀行から毎年「ロール」することで経営が成り立っていたのに、大和田がそのロールをやめた（新規に短期融資をしなかった）ことで資金がショートし、倒産に追い込まれました。大和田は、どうしてそんなことをしたのでしょうか？

その理由は、ドラマを見ていただければ……と思いますが、とにかく中小企業には、短期の借入金を毎年つないで会社を回している状態の企業が多く、ロールを止められれば途端に飛んでしまいます。そして、こうした企業は銀行に生殺与奪《せいさつよだつ》の権限を委《ゆだ》ねていて、銀行の対応次第でいつでも倒産してしまう状態だと言えるのです。

もちろん銀行にとっても、融資先は利息を払ってくれる〝お客様〟ですし、必ずしも無茶なことをするわけではありません。しかし、無い袖は振れないと開き直られないように、短期貸付金にはロール、長期貸付金には担保と、いつでもファイティングポーズを取れる「武器」を用意しているということです。

会社が倒産するのはどんな時？

会社はある日突然倒産します。何度か触れたように、それは**手形の不渡り**を出した時でした。消費者向けではない企業同士のビジネスは、基本的に「掛け」商売です。売った商品に関しては商品を先に納品して、その数ヵ月後にお金が回収できます。仕入れたものに関しても、仕入れた数ヵ月後に支払いをします。

「現金」という資産は、それで商品を仕入れることで「商品」という資産に変わり、それを販売することで「売掛金」という資産に変わり、それを回収することで、また「現金」という資産に戻ります。企業活動というのは、このようにして資産の形を変え、一回の取引に利益をのせることで価値を高くしていく活動なのです。

しかし、基本的にモノやサービスは、商品の販売よりも、その原価となる材料や外注費の仕入れが先に来ます。

つまり、ある1つの商品を、材料を仕入れて、つくって、売るというフローで考えると、仕入れに対する買掛金の支払いが先に来て、売掛金の回収が後に来ます。とくに手形払いの場合は、現金化するまでにさらに数ヵ月の時間がかかります。会社というものは、このタイムラグをしのぐために、先に払うべき材料費や加工費や人件費の分の**運転資金**を持っておかなくてはなりません（図参照）。

運転資金などのキャッシュが足りなくなった時に、会社は倒産します。具体的には「急に取引先が倒産して支払いがされなくなった」「販売不振で収入が減った」「(訴訟など)業務停止命令が出て仕事ができなくなった」「お金を使いすぎた（放漫経営)」、ほかに、前述の半沢ネジのように「銀行がお金を引き揚げた」といったケースも考えられます。

PL上、黒字であろうと赤字であろうと、倒産には関係ありません。会社にキャッシュがなくなって支払いができなくなった時に、会社は倒産をするのです。

会社が成長して事業が大きくなると、タイムラグをしのぐために必要なキャッシュの量も増えます。売上が大

運転資金は現金のタイムラグをしのぐもの

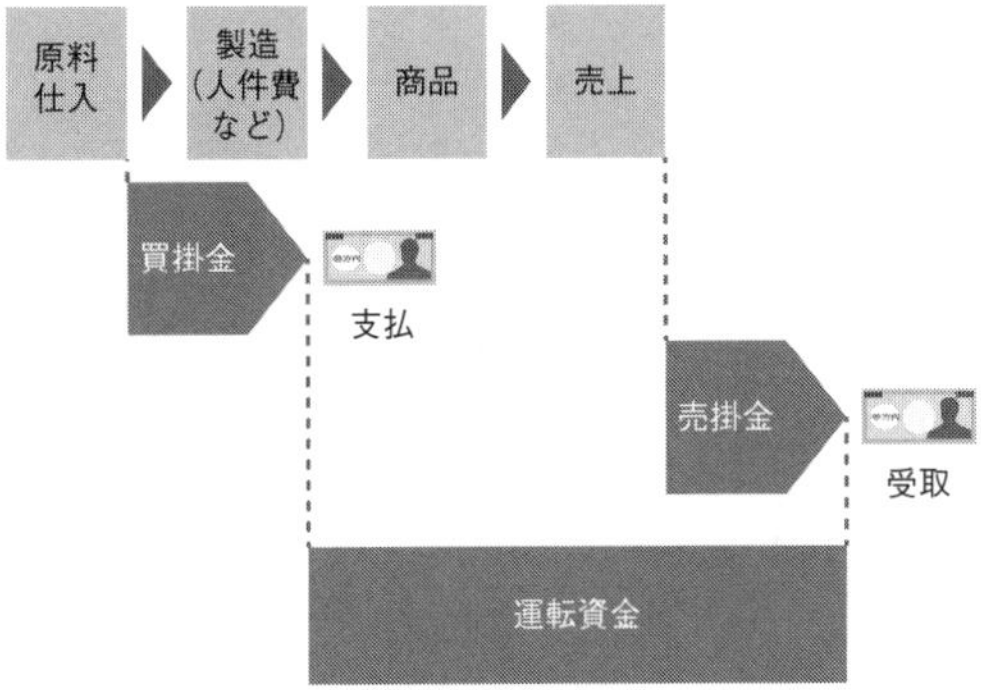

きくなるのは素晴らしいことなのに、先払いの支出が払えなかったために倒産したといった冗談のような不幸も起こります。これが「**黒字倒産**」です。

売上が大きくなっていくのであれば、その資金をつなぐために借入金を準備するなど、事前に対応していくことが大切です。

BSの流動資産＜流動負債は危険

このような資金繰りの圧迫による倒産を回避するため、会社を買う時に最初に見なければいけないのは、「**流動資産**」と「**流動負債**」のバランスです。

流動負債とは、1年以内に現金として支払わなければならない負債のことです。買掛金は遅くとも数ヵ月以内、手形は半年以内くらい、短期借入金は1年以内に返済しないといけません。

この流動負債の合計に対して、1年以内に現金になる合計の流動資産が少なければ、そもそも支払いができないということです。流動負債には支払手形が入っていますから、倒産ですね。

よって、必ず流動負債よりも流動資産のほうが多くなければいけません。一般的な感覚では、**流動資産は流動負債の1・5倍以上、できれば2倍くらいはあったほうが良い**と言われています。1年以内に現金になる流動資産の中でも、受取手形などは現金化に数ヵ月かかるわけですから、どうしてもタイムラグが出てきます。そのためにも資産側が大きくないといけません。

もし、流動資産が流動負債の1・5倍以下しかないのであれば、当面の資金繰り表をつくって精査する必要があります。いつ在庫が販売できて、売掛金や受取手形を現金化（回収）でき、買掛金や支払手形、短期借入金の決済日はいつなのかを、金額を入れながら計算していくのです。

本当にタイトな場合は、「**日繰り表**」と言って、毎日の決済金額を入力して計算していきます。1日でもマイナスになれば、アウトです。

倒産を避ける「資金繰り」

アウトと言っても、さんざんお伝えしている通り、手形が不渡りになることが本当のアウトです。それ以外であれば、「完全にアウト」ではありません。

会社としての信用を担保するという点では、すべての負債期日に対して遅延なく支払わなければならないのは当然のことです。しかし中小企業の経営は、体力が限られる中で、突発的なキャッシュアウトが起こりえます。景気の変動期には、しばらく資金繰りが厳しい時期もありえます。

そんな時に、なんとかして資金繰りを工面《くめん》していくことも必要です。この「資金を工面する能力」も、中小企業の経営者としては必須です。

また、仲の良い取引先に支払いを延期してもらうというのは、「困った時はお互い様」ということでもあり、信用の相互融通でもあります。ですから、普段から困った時に助けてもらえるような人間関係を構築しておかないといけないとも言えます。

とは言いながら、闇雲《やみくも》に決済の延期を行うのではなく、〝延期ができる順番〟があります。会社を買う時にも、そのあたりの決済延期をしていないかどうかを確認しておかないといけない、ということですね。

原則的には「本業から遠い支払い」から延期をお願いしていきます。

①行政

資金繰りに困った経営者は、まずは税金と社会保険の支払い延期を行います。いずれも行政に対しての支払い遅延です。

行政は公的な立場ですので、決済ができなかった瞬間にいきなり資産を差し押さえるというような乱暴なことはしません。遅延金などの請求はされますが、支払いを数ヵ月くらいは待ってくれますし、一括で支払いができなくとも、話し合いを持てば、分割で少しずつ支払うことにも応じてくれます。万が一、倒産した場合、行政に対する負債は他の負債に優先して支払わなければならないという法律上の決まりがあり、また、強制的に差し押さえする権限も有しているため、普段はゆっくり話し合いに応じてくれるのです。

②銀行

次に話し合いに応じてくれるのは、意外にも銀行です。

２００８年のリーマンショック直後、信用収縮により一気に経済が停滞しました。景気の影響を受けやすく体力がない中小企業は、景気が悪化すると途端に資金繰りが悪化します。そんな時に、ドラマ「半沢直樹」のように、銀行がロールしてくれなくなる、借入金に追加の担保を入れろと要求されるなどすると、中小企業が軒並み潰《つぶ》れてしまいます。

そのような事態にならないように、国は「金融円滑化法」なる法律を施行し、中小企業に向けて、銀行はこれまで通りの融資姿勢で対応し、支払いが滞《とどこお》りそうな先は支払いのスケジュールを変えてあげる（**リスケジュールする：リスケする**）ように指導したのです。

金融円滑化法は２０１３年に終了しましたが、だからと言っていきなり銀行が強硬に支払いを強要できるものでもなく、緩《ゆる》やかにリスケする対応は続いています。日本全体の会社数の1割程度、30万〜40万社が円滑化法を利用してリスケしたと言われていますが、いまだに当時の借入金を返済できずにリスケしている会社はたくさんあります。支払う目処《めど》も立たず、負債を大幅カットしないと事業が立ち行かない会社がまだたくさんある、と言われているのです。

このようなことから、今では銀行は、かなり柔軟に資金繰りに応じてくれるようになってきています。ですから、経営する会社の資金繰りが苦しくなった際は、支払い延期をお願いする順番として、2番目に銀行に相談することになります。

また、あなたが会社を買おうとする時には、その会社が銀行からリスケを受けているかどうかを確認しなければいけません。当然、リスケを受けているから即座にダメということではありませんが、今後の事業計画や資金繰りを見ながら、優良な会社かどうかを判断することが必要だということです。

③家賃・水道光熱費・買掛金・売掛金

ここからは本業に近い支払いとなってきます。家賃や水道光熱費です。水道や電気を止められてしまうと営業ができなくなったり、製造が止まったりしますので、延期できるのは1〜2ヵ月でしょう。

そして次に、仕入れ業者や外注業者の買掛金です。これも、信頼関係があったとしても、2回も3回も支払い延期をお願いすることはできませんし、数ヵ月もの延期をお願いできるわけではありません。売掛金を期日より早く支払ってもらうという資金繰りの改善もあったりします。

④人件費

従業員への人件費は〝最終手段〟です。労働者は法的に厳格に守られているということもありますが、事業運営上のモチベーションにも関係してくるからです。

私が企業再生の現場で見てきた会社では、従業員の給与を1年以上遅延したり、従業員から借り入れをしたりしている会社もありました。さすがにそこまで行くと出口の見えない会社運営になりますので、まわりに迷惑をかけないように「会社をたたむ」という意思決定をしたほうがいいでしょう。

⑤支払手形

最後が支払手形です。これが支払われなくなると、いよいよ本当の倒産です。

PL上は赤字でも、なんとか資金繰りをしながら急場をしのいでいる中小企業は多いのです。それは必ずしも悪いことではありません。会社を長く経営していれば良い時も悪い時もあります。その変動の中で、関係するみなさんにお願いしながら事業を継続し、回復した時に恩返しをするということは十分ありうることなのです。

一方で、今は黒字でも、普段からこのような「お願い」ができる信用の相互融通状態を保っておかないと、突然経営が悪化した際には「いきなり倒産」という道に突き進んでしまうことがありえます。経営者としては、いざと言う時に備えて、とにかくたくさんのオプションを持っておくことが重要です。

また、会社を買う時は、経営者が上記のような思考プロセスで資金繰りを考えていることを理解し、それぞれの優先順位で項目をチェックするといいですね。たとえば、税金や社会保険を毎回期日通り支払っている会社に、取引先への未払いがあるとは想像しにくいですね。デューデリジェンスで会社のすべてを見ることができるわけではありませんから、このように優先順位を考えて力の配分をしなくてはいけません。

資金繰りの王様、Apple

AppleとSONYを比べて見てください。扱っている商品ラインナップ数がぜんぜん違うと思いませんか。

イヤホンひとつを取っても、SONYは耳全体を覆《おお》うヘッドホン、スマホと接続できるスピーカー付きイヤホン、運動用で防水仕様のイヤホンと多品種のラインナップです。加えて、それぞれにカラーや微妙にスペックの異なるモデルが用意されているため、商品の総数はかなりの数にのぼります。

一方で、Appleのイヤホンは、真っ白なAirPodsのみです。2014年に、ヘッドホン大手のBeatsを買収して以降、グループ企業としては他のデザインも製造しているものの、Appleのサイトを見てもらえればわかるように基本的には単種類です。あとはサードパーティ（第三者）の商品を紹介しているだけになっています。

ほかにもAppleの商品と言えば、みなさんがだいたい諳《そら》んじて言えるくらいの商品点数しかありませんね。iPhone、iPad、Mac、Apple Watch、Apple TVくらいでしょうか。SONYの商品がテレビ、カメラ、レコーダー、スマホ、スピーカー、ラジカセ、ヘッドホン、スマートウォッチ等々、取り扱いの幅が広く、各カテゴリーでさまざまな型があるのとは対照的です。そもそも、すべての商品名を覚えている人はSONY関係者くらいではないでしょうか。

さて、これほど商品数に差があるにもかかわらず、Appleの売上高は30兆円で、SONYは9兆円。3倍も違います。少数の商品で大量の仕入販売をしていると、**バイイングパワー**（仕入業者に対しての購買力）が大きくなることはおわかりいただけると思います。バイイングパワーが強ければ、仕入れ単価を下げる交渉ができますし、仕入れに対する支払いのタイミングを遅くしたり、極力在庫を持たずに済むように仕入れのタイミングを遅らせたりすることもできます。

このようなことから、Appleは売掛金や商品在庫を持たず、一方で、買掛金が積み重なるようなサプライチェーン（供給網）の構築ができています。

Appleで商品を買ったことのある方はご存じかと思いますが、顧客は完成品を購入するのではなく、Ｗｅｂ上でパーツやスペックを選択してからオーダーが始まります。そのためAppleは、入金を確認してから組み立てを行うこととなり、１週間から10日程度でカスタマーに商品を届けます。入金されてから生産して初めて買掛金が発生し、その後で支払いをするようなイメージになっているのです。そのため運転資金が要らないどころか、売れば売るほどキャッシュが貯まっていくというわけです。

このような運転資金のやりくり、企業が原材料や商品仕入などへ現金を投入してから最終的に現金化されるまでの日数を「**CCC（Cash Conversion Cycle：キャッシュ・コンバージョン・サイクル）**」と言います。ＳＯＮＹやパナソニックなどの家電メーカーが40日ほどかかるのに対し、Appleはマイナス20日と、驚異的な日数になっています。その差60日。iPhoneの原価率は40％程度と言われていますから、単純計算で、売上30兆円の原価率40％で12兆円。12兆円を３６５日で割ると、１日の仕入原価分が約３３０億円です。日本の家電メーカーと比べて、約２兆円の現金が不要（もしくは、研究開発費や広告費などに投下が可能）ということです。

また、この２兆円を年利５％で運用するだけでも１０００億円の利益が出ることになります。Appleは、非常に効率的な資金繰りで運営されていることがわかります。

もちろん、このようなビジネスモデルが成立する理由は、「自分の欲しいスペックのカスタマイズマシンを数週間待ってでも手に入れたい」とカスタマーが考えるような〝特別な価値〟をAppleが提供しているからです。ある意味、仕入業者だけではなく、消費者からも資金を借りているということです。これは大企業のみならず、資金繰りがいちばん重要な中小企業にも必要な考え方です。

「良い借入金」と「悪い借入金」

資金繰りが会社の生命線であり、借入金はかならずしも悪いものではない——。そう考えれば、むしろ、うまく付き合っていくことが健全な企業経営だとお気づきいただけるかと思います。

銀行から借りる、まさに「借入金」は、とくにそうした性格を理解しながら付き合っていく必要があります。

さて、借入金の種類には、短期借入金と長期借入金がありました。重要なのはその比率です。

短期借入金と長期借入金の違いは、返済までの期日が1年以内であるか、1年以上であるかでしたね。銀行からすると、担保と会社の信用を判断して、長短の種類を分けているわけです。

借入期間は通常、できるだけ長期にしたいと考えるのが自然であり、借り入れをする際に経営者もそのように申し入れをするのが普通です。

大きな設備投資をする場合などは、1年以内に返済するというのは不可能です。設備投資の返済期間は減価償却期間を基準とするのが普通です。減価償却期間は対象物によって違いますが、3年から10年ほどです。

先行投資的な要素が大きい場合、長期の借入ができないと経営がうまく回りません。銀行も当然、企業には貸し出す資金を使って事業を大きくし、売上を大きくしてもらいたいのです。また、設備投資に対する貸出なら担保も設定できますので、余裕を持って成長するための長期貸し出しをしようと考えるのが普通です。

よって、長期の借入金はある程度、建物や土地などの固定資産と近い金額になっているはずです。逆に、固定資産があるのに、それに近い金額の長期借入金がない場合は、借入に頼らない経営方針なのか、すでに借り入れを返せているのか、それともBSに計上されている固定資産に本来的な価値がなく、割り引いて見ないといけないかもしれませんので、確認が必要です。

もっと言えば、大きな設備投資は、その資産を使い、長期にわたって利益を出して回収していくものですから、できるだけ返済期日を設定されない自己資金でまかないたいものです。つまり、資本金や利益剰余金の範囲で設備投資をすればより安全になるのです。

これらを確認する指標として「**固定比率**」や「**固定長期適合率**」といったものがありますが、あまり使いませんので、本書で覚える範囲としては無視して結構です。**長く使う固定資産を購入する場合は、自己資金（資本の部）と長期借入金で対応しないといけない**と理解しておけば十分です。BSを見る時も、固定資産以上の資本と長期借入金があるかを確認しておけば問題ない程度です。

一方で、短期での貸し出しは、当座の運転資金の支払い程度しか貸してもらえません。毎年の短期借入金のロールの金額で設備投資をしてしまったら、ロールが終わった瞬間にアウトだということは、もうみなさんはおわかりですね。

短期借入金は、運転資金をまかなうくらいの金額でしかない。ということは、借入金全体のうち、短期借入金の割合が大きいとよくないですし、時系列で見た時に、短期借入金の割合が増えていっているとすれば、その会社は〝キナ臭い〟ですね。長期で借り入れができない＝担保価値が下がっているのか、会社の信用が下がってきているのか、いずれかが想像されます。

適正な借入金の目安とは？

それでは、どのくらいの借入金だと問題ないのでしょうか。

一般的には、**借入金は年間売上の半分以下に抑えたほうがいい**と言われます。年間売上が1億円だとすれば、5000万円以下ということですね。健全な会社であれば、月商の4ヵ月分くらいと言われますので、3300万円程度です。

ここで、数字の計算練習です。月商4ヵ月分とは、いったいどのくらいの期間で返済できるレベルの借り入れなのでしょうか。

もちろん業種にもよりますが、一般的に中小企業の営業利益は売上の5％程度です。年間売上1億円ということは、営業利益が500万円ほど出ると考えられます。税金30％を払うと、残りが350万円になりますね。これに減価償却費が1％程度で、100万円。ここから年間450万円返済する資金があると考えられます。

すると、借入金3300万円だと7・3年、5000万円だと11年になります。返済期間が10年を超えてくると、すこし長いですね。これが、PLにある売上や営業利益から返済の期間を計算した（BSにある）借入金の適正な金額です。

ここまで読み進めてきて、PLとBSの関係性も理解できてきたのではないでしょうか。このように数字が回り始めたら、みなさんの知識はもはや財務分析のレベルまで昇華しています。**難しい財務指標を勉強するのではなく、必要最低限の知識を実例に即して学んで、足す・引く・掛**

ける・割るの四則計算だけできればいいのです。

次に、ＢＳの中で完結する適正な借入金の額を考えてみます。

資産は、自己資金（資本）と負債とを組み合わせてつくり上げているのでしたね。すべてを自己資金（資本）で準備して、資産を買えば、資産に対する自己資金の割合は１００％です。資本は自分の資金ですから、「返済を求められない」という点において、まったく借り入れをしていない企業経営は１００％安泰ですね。

しかしながら、すべてを自己資金でまかなうと、投資の効率が下がります。自己資金に対して、どのくらい利益を生み出すかを測る指標である**ROE**が下がるということですね。

借入金でまかなえるのであれば、ある程度は借入金で対応して、自己資金として拠出しなくていい金額を別の事業に回せたら、よりいっそう利益を生むことができますね。これを「**レバレッジ効果**」と言いますが、第3章で説明します。

一般的には、資産に対して半分以下の負債にとどめたほうがいいと言われていますので、資産に対する負債の割合は、50％以下です。これは流動負債も含みますので、**自己資本（純資産）の割合は50％以上を目指したい**、という感じです。この資産に対しての純資産の割合を「**自己資本比率**」と言いますが、これも用語だけ知っていれば十分です。

みなさんが会社を買う時は、そこまで自己資金を出せるわけではないでしょうから、純資産の額が小さい（＝自己資本比率が低い）会社を買いたいですよね。一方で、その会社は負債が大きいということになるわけですから、しっかり返済できるかを見ないといけません。

この時に、ＢＳだけを見ていては会社の実態はわかりません。ＰＬの営業利益や減価償却から資金繰りを考えて、何年で返済できそうかを把握しなければなりません。５年や７年も経たずに返済できるのであれば、仮に純資産が小さくとも（＝負債が大きくとも）問題ないわけです。

借入金の返済期間が10年を超えてくると、長期的・安定的に営業利益が出るのかを、かなり精緻に検証しないといけないですよね。

どうでしょうか、経営数値が頭を巡ってきたでしょうか。

失敗しても個人保証はいらない

借入について、もうひとつ付け加えておきます。

「会社を買う」ことに関するもっとも大きなリスクは、やはり、買収した会社が倒産してしまうことではないでしょうか。経営に失敗して一家離散するようなイメージがどうしても頭をよぎる、という人も少なくないと思います。大企業の業績が悪くなってそのような事態になる社長は聞いたことがありませんが、中小企業の業績が悪くなって悲劇的な結末を迎える社長の実話は、私も耳にしたことがあります。

いったいなぜ、そんなことになってしまうのか。これまでの中小企業の社長は、会社の借入金に対して**「連帯保証（個人保証）」**をしていたからです。

実際、今も、中小企業が銀行から融資を受けるためには、社長が連帯保証人とならねばならず、また、会社が倒産したら社長に返済義務があると、みなさん思っているのではないでしょうか。たしかに、これまでの日本はそうでした。中小企業の経営者の多くが融資に対して個人保証をしています。

経営者が個人保証をしていると、会社がもし潰れてしまったら、社長の財産は借金のカタにすべて没収されてしまいます。一文無しです。

会社というものは、いい経営をしていても潰れる時には潰れます。会社が倒産した場合、投資した資金が戻ってこないのは仕方がないとしても、貯金や自宅などの財産がすべて没収されてしまうようであれば、生きていけません。そのようなリスクはとても負えないと考えるのが普通でしょう。

でも、もう、その考えを改めてください。今では、会社は個人保証なしで買えます。

近年、国の要請のもと、日本商工会議所と一般社団法人全国銀行協会によって、「経営者保証に関するガイドライン」が策定され、「法人と個人が明確に分離されている場合などに、経営者の個人保証を求めないこと」と示されました。

これまでの銀行側から見た個人保証の考え方は、中小企業において株主と経営者（会社）を同一視し、株主と会社の財布は同じだろうから、株主も個人保証を入れるべきと捉えるものでした。「会社にお金を貸したのに、株主である社長が個人的な支払いに会社の資金を支出している。だったら、会社から返済できなくなった場合は、社長個人から返済してください」ということですが、銀行にとっては一定の合理性がある考え方でした。

しかし、株主と会社の財布が別管理されていれば、そもそも個人保証を取る理由はなくなります。国としても、世間に冷血な取り立てイメージが色濃くあるままだと、誰も会社をつくったり、引き継いだりしないと強く感じたことから、新たな法整備がなされました。

これにより、新規の融資の際に個人保証をつけない方針が示されるとともに、事業承継時においては、経営者保証が解除されるように指導されることになったのです。事業承継ということは、株主が変更されるわけですから、引き継いだ直後は１００％分離管理できているはずですので、当然です。

会社を買うリスクは買収資金のみ

すると、会社を買う時に発生するリスクは何でしょうか。

株式会社の有限責任を理解していると冷静に判断できると思いますが、**有限責任上、株主が背負わなければいけない責任は、会社に資本金として投じた金額のみ**です。会社を買った場合は、買った株式の金額のみです。300万円で買ったのであれば、それ以上は、どんな簿外債務が出てこようと、天変地異レベルの損害が発生しようと、会社を買った時に支払った300万円以外に金銭的に損をすることはありません。

出資金以外に金銭的なリスクはないと言っても、保守的な人は、会社を潰したら人にどう見られるかわからないとか、銀行に出入りできなくなるとか、いろいろネガティブなことを考えると思います。しかし私の周りでは、会社を潰しながら、何度も再起を図って成功していく人がたくさんいます。

企業経営というのは、自分の能力以外の要因で失敗することもたくさんありますし、むしろ、起業して1回目から成功している人のほうが少ないものです。それは、企業の廃業率を見ればわかると思います。会社を経営している人は、「そういう事態は自分にも起こりうる」と考えているので、失敗した経営者にも優しく接することができます。

周りにサラリーマンしかいない人は、そうした経営者のリスク感覚を得ることができないものです。友人から経営者を探し出し、経営者を紹介してもらうなど、いろいろな経営者と飲んで遊んで親交を深めてみてください。これまで自分がリスクだと思っていたことが、実はリスクではないということに気づくと思います。

また銀行も、事業として多くの貸出先を持っていますから、会社を閉じることになるリスクを理解していますし、それゆえ貸し付けるお金に対し、あらかじめ「利息」というリターンを請求しているわけです。会社が潰れて返済できなくなるリスクは、それを見極めることができなかった銀行が負っているのであって、経営者が後ろ指を差される必要はありません。

もちろん、商売は人と人のつながりで成立しています。現実には、ここまで冷徹に処理できる話ではありませんが、リスクを考える時は、とにかく冷静な状態で考えないといけません。まずは今述べたように、合理的に原則論から考えていかないと、挑戦すれば成功できたかもしれない機会を逃してしまうことになります。

もっと言えば、先に紹介した、サラリーマンから会社を買って経営者に転じた25歳の青年が、仮に会社を閉じることになったとしても、その後は引く手あまたでしょう。彼は、自分で会社を見つけ、銀行から借入をして会社を買って、友人を事業に引き込み、新たな社員も雇い入れ、月商を倍にするという仕事を半年でやり遂《と》げました。25歳にして、そんな行動力を備え、中小企業のオーナー社長としての経営経験を積んでいる人であれば、私のファンドでも採用したいくらいです。

そのように考えると、**個人M&A（会社売買）のリスクは、基本的に「株式取得に必要な買収資金のみ」**です。

もし仮に、会社を買う時の借入金や、引き継ぐ会社の既存借入金の個人保証を求められたらどうすればいいでしょうか。

その時は、その会社を買うのをやめましょう。今後10年で、１２６万社が事業承継できずに廃業するとされています。そして、国は事業承継の借入金に個人保証を求めないようにしているわけです。もちろん、銀行もそれを知っています。にもかかわらず、わざわざ個人保証を求められる会社を買わなければならない理由はどこにもありません。次の会社を探せばいいだけです。

これに加え、マイナス金利時代の銀行として、貸付を増やさなければいけない環境の中で、銀行が個人保証を求めるのであれば、銀行にしか見えていない〝何か〟がその会社に隠されているかもしれません。少なくとも十分な信用がない会社だということです。そんな「見えないリスク」をわざわざ取りに行く必要はありません。

個人保証問題は、ひとつの試金石《しきんせき》にし、126万分の1社に賭けるのではなく、だめなら別の新たなご縁をつむぎにいきましょう。

第3章　「儲かる会社」をどうやって見つけるか

安く買って、高く売る

さて、前著『サラリーマンは300万円で小さな会社を買いなさい』を読まれた多くの方から寄せられた疑問がもう1つありました。それは、会社を買うのはいいとして、「会社の選び方がわからない」というものでした。

300万円程度のお金は用意できるが、どうやって会社を選んだらいいのかがわからない。三戸はプロだから目利きができるが、素人が目利きをするのは難しい。落ち目の会社を買ってしまって悲惨な目に遭《あ》うのは目に見えている——。

リスクを取って会社を買うからには、会社を買って儲《もう》けたいと考えるのは当然ですが、すでに儲かっている会社は安くは買えない、ということもまた事実。「高値掴《づか》み」をしてしまってもよくありません。それに、今は利益が出ていたとしても、すでにピークは過ぎていて、これから右肩下がりに落ち込んでいく運命にある会社なら買いたくありませんよね。

そんな心配をされている方にお伝えしたいのは、「会社を買って儲けよう」という発想を捨ててください、ということです。

前著にも書きましたが、本作品シリーズのコンセプトは、**サラリーマンで自分の労働価値を最**

大化できていない人に対して、小さな会社を買ってもらい、労働価値を最大化し、さらには資本家として投資価値を最大化してもらおう、というものです。

ベースにあるのは、サラリーマンをしているより、資本家になったほうがはるかに仕事に対する自由度が上がり、自分のやりたいことを実現できるという事実です。また、サラリーマンとして鍛えたさまざまな事業運営のノウハウを中小企業に投下することで、収益をあげることもできます。

社長業の時間を効率化していくことで株主業に移行し、自分の時間をうまくつくり出すことで、次の新たなる会社を買うことができたり、自分の好きな時間を生きることもできるのです。その結果、会社の価値が上がり、買った時よりも高く売ることができれば万々歳。**キャピタルゲイン（株式売却の差額）**を得ることができる、というのが私の考え方で、あくまでも、通常以上のリターンである「**アップサイド要因**」として考えていただきたいと思っています。

サラリーマンもオーナーも、同じ事業運営をしているのに、サラリーマンでは果実を最大化させることができないのは〝損〟ではないでしょうか。ですから、キャピタルゲインが生まれる権利として、会社の株を持つ（会社を買う）という方法をお伝えしたいのです。

キャピタルゲインを前提に考えて会社を買おうとすると、買う時や売る時に過剰な交渉になったり、事業そのものでなくキャピタルゲインを愛すようになり、取引先や従業員に対して厳しい対応をしてしまう可能性があります。私が提唱しているのは、このようなハゲタカ的な事業承継ではなく、大廃業時代において、廃業を余儀《よぎ》なくされている先を承継し、自分の強みを生かしながら事業を継続させ、また発展させていくという形です。

このような考え方をベースにしたうえで、とはいえ儲からないより儲かったほうがいいですよね、ということで、このあたりのコツをお伝えしたいと思います。そのためには、**安く買って、高く売る**ことが基本になります。

BSとPLの概念が理解できてきたみなさんは、安く買うためにどちらを見ればいいか、なんとなくわかってきたのではないでしょうか。そうです、BSです。BSは、現時点での会社の価値を表しています。BSの項目、とくに資産が割安に評価されていれば「純資産が小さい」ことになりますから、割安に買うことができるのです。そして、高く売るためには、その割安に買った資産価値を顕在化させることが必要です。

PLは、どちらかと言うと「高く売るためにできることを考える項目」が並んでいますね。売上をあげることができるか、費用を効率化して減らすことができるか、そして、利益を増加させることができるか、という感じです。

会社には宝の山が眠っている

割安に買い、そして、その価値を顕在化させるためのポイントはいったい何でしょうか。それは、資産を人とは別の角度から見ることができるか、です。わかりやすい例を出してみます。

東京・高田馬場《たかだのばば》に「六月社」(http://www.rokugatsusha.co.jp/) という雑誌図書館があり、2018年6月に閉館しました。10万冊の雑誌があって、利用者から入場料500円を受け取って、雑誌を閲覧してもらうという商売でした。「anan」や「SPA!」などの創刊号から集めている貴重な資料館でもあった図書館ですが、オーナーは70歳を超えて、商売を続けるのがしんどいということで、閉館を考えたのです。

ところが、業者に閲覧用の雑誌10万冊の廃棄を依頼したところ、処理費用が100万円はかかるということで、そんなお金もなく困っている——とニュースになりました。

事業が停止してしまうと資産の価値がなくなり、逆にマイナスになるという事例です。これまで入場料を取れる(＝お金を生む)「資産」だったのに、事業を停止すると、その廃棄代で逆にお金を取られる「死産」になってしまったのです。

つまり、会計的に見ると、100万円の債務超過の会社に陥《おちい》ってしまったわけです。

純資産はマイナスですから、オーナーとしては、100万円を支払ってたたむより、たとえ1円でも会社なり事業を買ってもらえたら嬉しいですよね。

実は、ここには潜在的な価値があります。この雑誌自体です。たとえば、「anan」の創刊号を「メルカリ」「ヤフオク!」のような中古品販売のサービスで売れば、いくらになるでしょうか。

メルカリを見てみると、本当にこんなものを買う人がいるのかと思うくらいさまざまな商品に値段がついています。たとえば、安室奈美恵さんの引退を報じたスポーツ新聞が1部1000円で買い取られたりしています。

それを考えると、この図書館は宝の山かもしれません。「anan」の創刊号なら、ひょっとしたから数十万円で売れるかもしれません。蔵書の雑誌1冊が100円で売れたとしても、10万冊ですから、1000万円です。マイナス100万円の資産価値だったのが、「メルカリで売る」というアイデアひとつで1000万円の価値になるかもしれないのです。

私たちのファンドにも、以前、売上25億円の地方の製造業を1円で譲渡できないかという相談がありました。前期は赤字でしたが、進行期は黒字。また、装置産業だったので、減価償却も大きく、キャッシュフローは数千万円ありました。**EBITDAマルチプル**（企業価値が特定の指標の何倍になっているかという捉え方のこと）で考えると、億単位の会社の価値になるはず。

しかしながら、なぜ1円での譲渡だったのでしょうか。先述のＧＲＥＥの「リノコ」と同様に、親会社の意思決定もあったのですが、資産の中身が地方の土地であり、かつ、土地の上には重厚な工場設備があることから、仮に事業を停止してしまった場合は工場などの撤去費用が土地売却の価値を軽く超え、マイナスに転落してしまうからでした。潜在的な債務超過状態だったというわけです。

雑誌図書館の六月社はわかりやすい事例として出しましたので、レアケースかもしれません。でも、この地方の製造業のような会社はありうると想像できるのではないでしょうか。廃業してしまえば、「資産」だったものが「死産」になってしまう。そのためなかなか廃業できず、安くてもいいから引き取って欲しいという案件です。

この場合は、事業を継続するだけで資産価値分がキャピタルゲインとして顕在化されていきます。あとは、引き継いだ後に事業がうまく継続できるような仕組みを整え、次なる引き継ぎ手を時間をかけて探してくればいいのです。実際に、1円譲渡の製造業の会社は、某投資ファンドが事業を承継することになりました。キャピタルゲインの可能性が見えたのですね。

このように、ＢＳには、見方を変えれば資産価値を上げられる項目が眠っていることがあります。ですからまずは、ＢＳの資産項目をしっかり見ていくことが肝要です。

価値を高める投資の有無はＢＳで

事業とは、そのまま持っていては何も生み出さない現金を、商品やサービスという資産に変え、そこから新たな価値を生み出し、販売することでより大きな現金に変えていく行為です。そして、そのような事業を行うための〝箱〟が、企業です。

自己資金のみで会社を回していると、拠出した資金に対してどのくらいのリターンが出ているかというＲＯＥは、あまり気にならないかもしれません。しかし、自分以外の投資家を連れてきた場合、投資家は拠出した１００の資産を２００、３００、５００、１０００へと増やしてくれることを期待しています。だからこそ投資家は、事業が失敗すれば目減りしたりゼロになるリスクがあるにもかかわらず、自身の大事なお金を出すわけです。

負債は返済の義務がありますが、資本は返済の義務がないということでした。つまり、事業が失敗して会社が清算となれば、投資家が拠出した金額は戻ってこないわけです。その分、配当でリターンを受け取ったり、会社の価値が上がって株式を売却したりした場合は、キャピタルゲインというリターンを得ることができるのです。負債を出す側はローリスク・ローリターンで、資本を出す側はミドルリスク・ミドルリターンだと言えます。

ですから、このような株主の意向が存在する**株式会社にとって、現金を資産として持っていることは本質的に正しくない**のです。企業にとって現金は、資産をより大きくするための投資に対して必要なものだからです。投資家からすれば、現金を寝かせておく企業に投資するくらいなら、投資せずに現金で持っておいたほうがリスクのない分よいわけですね。

ただし、会社にとって現金は、人間の体の中にある血液と同じで、常に体を循環している必要があります。無くなってしまうと死んでしまうので、〝体〟の大きさに合わせて一定の量が必要です。

少なくなりすぎると危険なのですが、たくさんあればいいというものでもありません。血が大量にある人のほうが健康だとか能力が高いという話を聞いたことがないのと同じです。ちなみに、現金の必要量は、月商の2〜3ヵ月程度と言われます。それ以上でも、それ以下でもよくないということです。

経営の安全性という点においては、現金を含む流動資産が多いほうがいいのですが、将来的な会社の成長を考えると、流動資産が多すぎる企業というのは、「経営をサボっている」「経営を怠《なま》けている」とも言えます。出資した株主からは、「ちゃんと経営してください」と怒られるでしょう。

流動資産がより大きな価値を生み出せる固定資産に変わるからこそ、事業は利益を生み出すことができます。資産を使って利益が創出され、ポイント残高である利益剰余金が積み上がり、そうして純資産が大きくなっていくのです。それこそが「経営の本質」です。

事業性の高い資産というのはおおよそ流動性の低い、固定資産です。しかも、付加価値を生み出そうとすればするほど、その流動性は低くなります。

なぜなら、たとえば機械でも、売ろうとした時に売れる（現金化できる）機械というのは、いろいろな使い方ができる汎用的な機械です。そうした流動性の高い機械しか持っていないメーカーが、高い価値のある商品をつくれるでしょうか。

どこにでもある機械ばかり持っているということは、どこでもつくれるような商品しかつくれないということでもあります。差別性が低く、高い利益も取れないでしょう。仕事が中国や台湾、東南アジアやインドに流れ、日本からなくなるかもしれません。

一方で、業界内で差別化するには、オーダーメードで機械をつくったり、設備を独自に開発したりする必要があります。工場設備や機械、金型、店舗や什器《じゅうき》、システムにお金をかけ、他社とは違う価値を生み出せる仕組みをつくるからこそ、顧客はそこに高い付加価値を見出し、お金を払い、企業は利益を得ることができるのです。

誰でも買える商品を仕入れて販売するのと、自社の工場でつくった唯一無二の製品とで、粗利率が変わることはイメージが湧くと思います。前者は、たいそうな設備は要りませんが、後者は設備投資が必要です。

企業が資産の収益性をより高めようとすればするほど、資産の流動性は低くなると言えます。それをしなければ収益性は低いままです。**収益性を上げるためにどれだけリスクを取って投資をするかが、経営者の手腕**と言えます。

のれんにどれだけ投資できるか？

流動資産より固定資産へ投資をしたほうが利益率が上がり、将来の収益に貢献《こうけん》することは理解していただけたかと思います。さらに言うなら、その下にあるべき「**のれん**」をどれだけつくることができるか（評価されるか）も重要です。

「のれん」は、のちほど詳しく述べますが、M&Aの時に出てくる言葉です。いつもの公式で言うと、「純資産＋営業利益3年から5年分」の「3年から5年分」にあたるものです。純資産は、現時点での純粋な資産です。それに将来の営業利益を加えるということは、それだけ将来に利益が出ると評価されるということです。

この「のれん」は、BSには数値としては表記されません。たとえば、先述の任天堂のマリオ

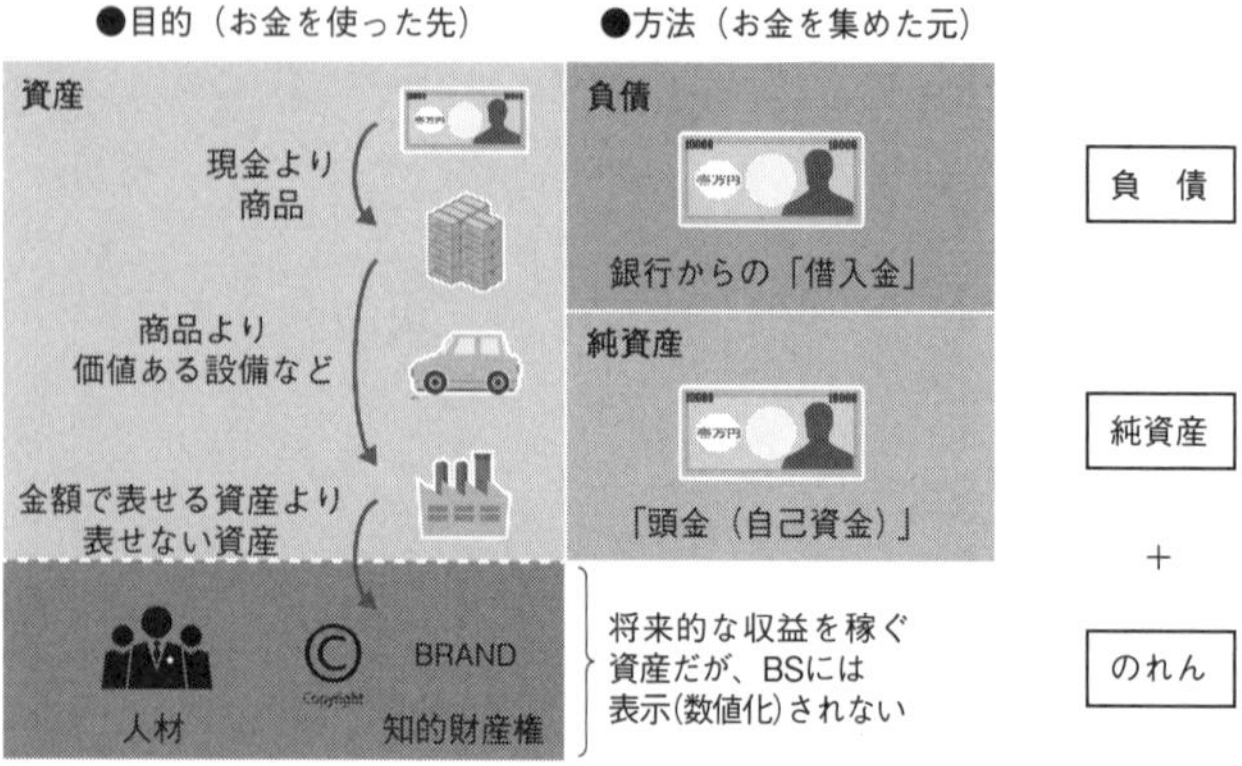

のようなキャラクターやブランドメーカーのブランド、そして、人的な価値などです。こういったものは客観的には数値化しにくいものです。また、固定資産より長期的な投資回収を考えなければならず、投資対効果を見極めるのは非常に難しいものとなります。

と言いつつも、これらは固定資産より企業のコアコンピタンス（企業の中核となる強みのこと）になるものでもあり、経営者としては、ここへの効果的な投資に経営の手腕が問われるものでもあります。

調達資金で国債を買った会社

ひとつの〝事件〟を紹介しましょう。２００７年、日本のＳＮＳの草分けだった「ｍｉｘｉ」を運営するミクシィが、国債を購入していたという話が投資家の間で話題になったことがありました。

「ｍｉｘｉ」は、創業者の笠原健治さんが東京大学在学中にリリースしたIT系求人サイト「Find Job!」を母体に１９９９年にイー・マーキュリーを創業、その後、２００４年になって日本のＳＮＳの先駆けとしてリリースしたものです。「ｍｉｘｉ」は、ものすごい勢いでユーザー数を増やし、２年後の２００６年には社名をミクシィに変更。９月には東証マザーズに上場。２００６年の大注目上場となった当時の時価総額は２０００億円を超えました。「マイミク」とか「足あと」とか、その頃に「ｍｉｘｉ」をよく使っていたという人にとっては、懐《なつ》かしいですよね。

企業が株式上場する最大の目的は、**資金調達**です。

上場して資金調達をすれば、企業は多額のキャッシュを手にすることができ、企業はそれで大規模な投資を行い、ビジネスの成長を加速することができます。上場して調達したお金は、事業開発に対する投資や人材採用など組織の拡大、Ｍ＆Ａを行うなど、企業の成長を加速するために使う。それが本来の目的です。

投資家にとっては、そのようにして会社が成長することで純資産が大きくなり、**株式価値**が上昇することに期待しています。投資家は、株価が高くなったところで売却して売買差益を得る、または、利益の一部を配当金として得ることを目的に投資をしているからです。

ところがミクシィは、上場によって調達した資金で、なんと日本国債を購入しているということが有価証券報告書でわかりました。投資家は面食らいました。日本国債の利回りは1%に満たないくらいの水準だったからです。

投資した金額が2倍、5倍、10倍……となることを期待して、成長性の高いIT企業に投資したつもりのお金が、事業に使うのではなく、利回りのごく低い金融商品に投資されていたとしたら——。投資家からすれば、ならばわざわざリスクの高い企業の株式を買わずに、自分で国債を買っておけばいいということになります。

なぜそんな投資がなされたのか。ミクシィは上場してお金を集めたはいいものの、次なる事業をうまく見つけられずにいたのでしょう。投資する事業の「タネ」がなかったのです。2013年にリリースしたゲームアプリの「モンスターストライク」を大ヒットさせたミクシィですが、当時はまだゲームアプリの開発などはしていませんでした。

過剰な現金を持ちすぎているのは、国債を買うより運用効率が悪い（というより、まったく利益を生まない）。そこで苦肉の策で、現金を減らすために国債を買ったというところではないでしょうか。そして、決算を締め、上場企業は財務諸表の開示義務がありますから、BSの国債が公《おおやけ》になり、騒ぎになった。流動資産が投資家に評価されなかった象徴的なケースでしょう。

「IRR」と「期待値」は必須

このように、投資家は自分の資金が有効利用されないと大ブーイングで、すぐに資金を引き揚げてしまいます。なぜなら、世の中には投資する商品が掃《は》いて捨てるほどあるからです。その中でもっとも自分の資金を大きくしてくれる先に投資したい、というのが投資家の心理です。

読者のみなさんも、会社を買ったら、社長業の後には投資家という株主業を経験していくわけです。また、ビジネス界でもっともお金に関して目の肥えた投資家心理を理解することは、ビジネスをしていくうえでもとても重要です。そこで、投資家が大切にする**「IRR（内部収益率）」**と**「期待値」**を理解してもらいたいと思います。

なぜソフトバンクの孫正義さんが日本一の富豪なのか。孫さんの役員報酬は、1・3億円です。しかし、保有するソフトバンクの株式から得られる配当が年間100億円。さらには、その株式価値が2兆円あるからこそ、日本一の富豪と呼ばれるわけです。

つまり、孫さんは、年間100億円の金の卵（配当）を産む、2兆円の価値があるニワトリ（株式）を持っているのです。毎年1・

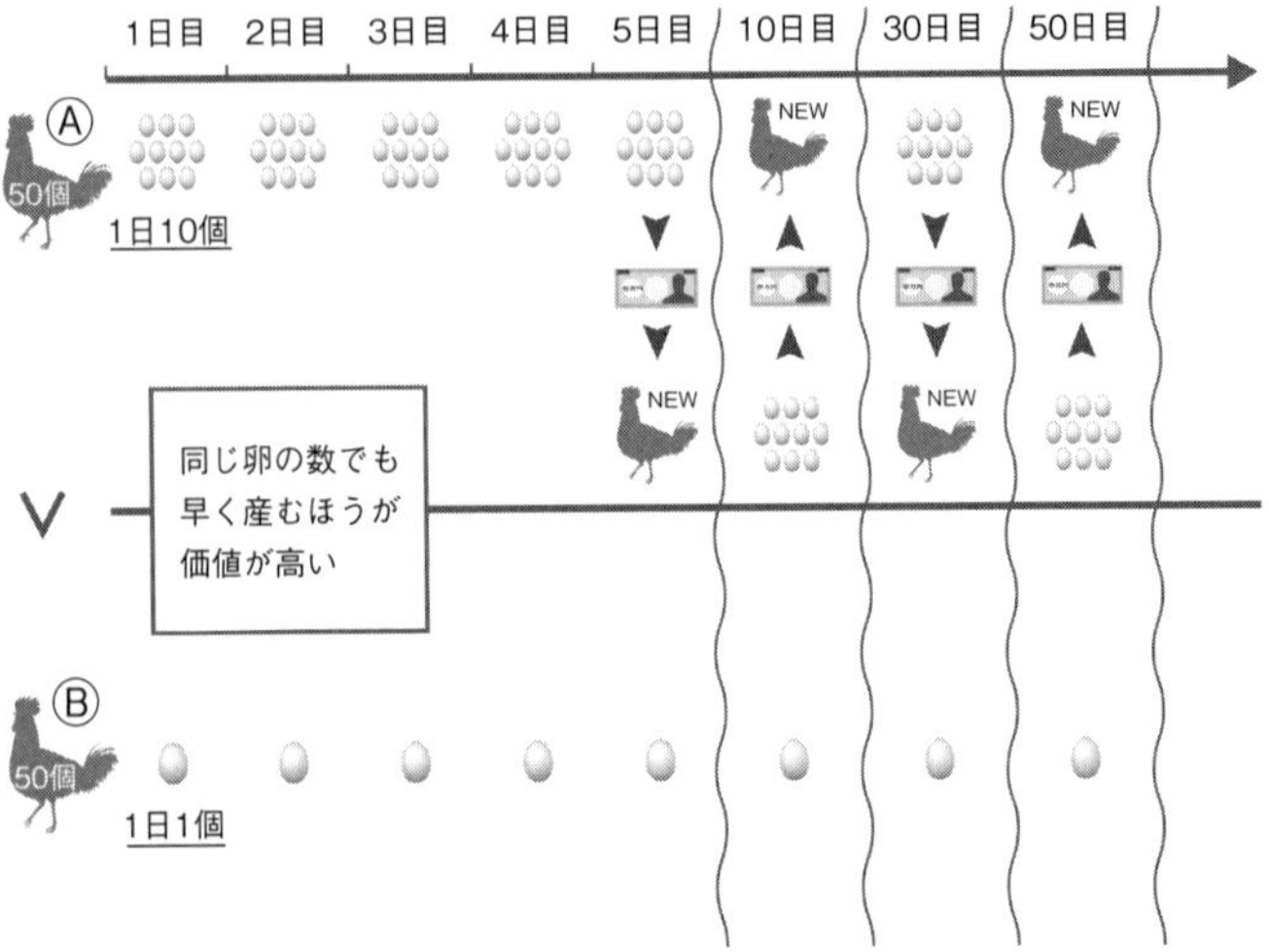

3億円の役員報酬をもらいながら、そのニワトリにエサをやり育てて、さらにたくさんの金の卵を産むニワトリに育てようとしているわけです。

社長業だけしていても1・3億円の報酬しか得られませんが、株主業としてニワトリという株式を持っていると、同じ活動をしていても、得られる対価がまったく違うということです。

ここから、このニワトリと金の卵を例に、「投資家の頭の中」を説明していきたいと思います。

金の卵を産むニワトリを買おうとした時に、1日に1個しか産まないニワトリより、2個産むニワトリのほうが価値がありますね。前者より後者のほうが倍の「**利回り**」になります。利回りが高い投資対象に投資をしていくことが、投資家の基本的な投資心理です。

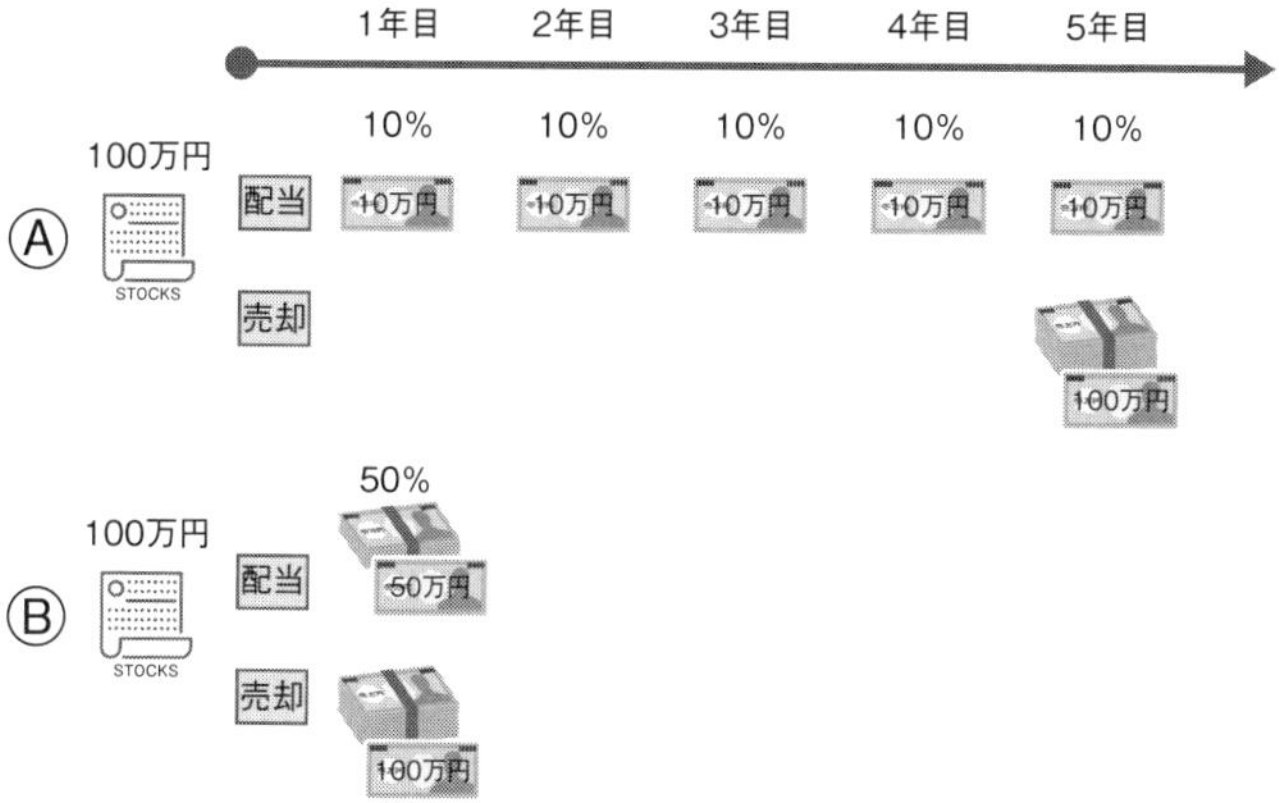

では、1日に10個産むものの5日で産まなくなるニワトリⒶと、1日1個産んで50日で産まなくなるニワトリⒷでは、価値は同じでしょうか。

5日で50個産んでくれれば、その卵を早々に売って、そのお金で新しいニワトリを買うことができ、合計で50個以上の卵を手に入れることができます。つまり、投資で最大の効果を出すには、時間的な価値を考えなければならないのです。そして利回りとは、**「利（利幅）」**と**「回り（時間）」**の2つの軸で考えられます。**同じ50個産むニワトリでも、より早く産めるニワトリのほうが価値がある**ということですね（右図参照）。

投資で考えてみましょう（上図参照）。

Ⓐ　100万円投資をして、毎年10万円の配

Ⓑ 当を5年間受け取れ、最終年度に同額で売却できる株式
Ⓑ 100万円投資をして、初年度に50万円の配当を一気に受け取れ、同年に同額で売却できる株式

Ⓐと Ⓑの利回りは、それぞれ何%でしょうか。

これはそんなに難しくないと思います。

Ⓐ 10%
Ⓑ 50%

次のケースではどうでしょうか（左図参照）。

Ⓐ 100万円投資した株式が、1年後に120万円で売れる株式
Ⓑ 100万円投資した株式が、3年後に170万円で売れる株式

ⒶとⒷとで、どちらを選ぶべきでしょうか。

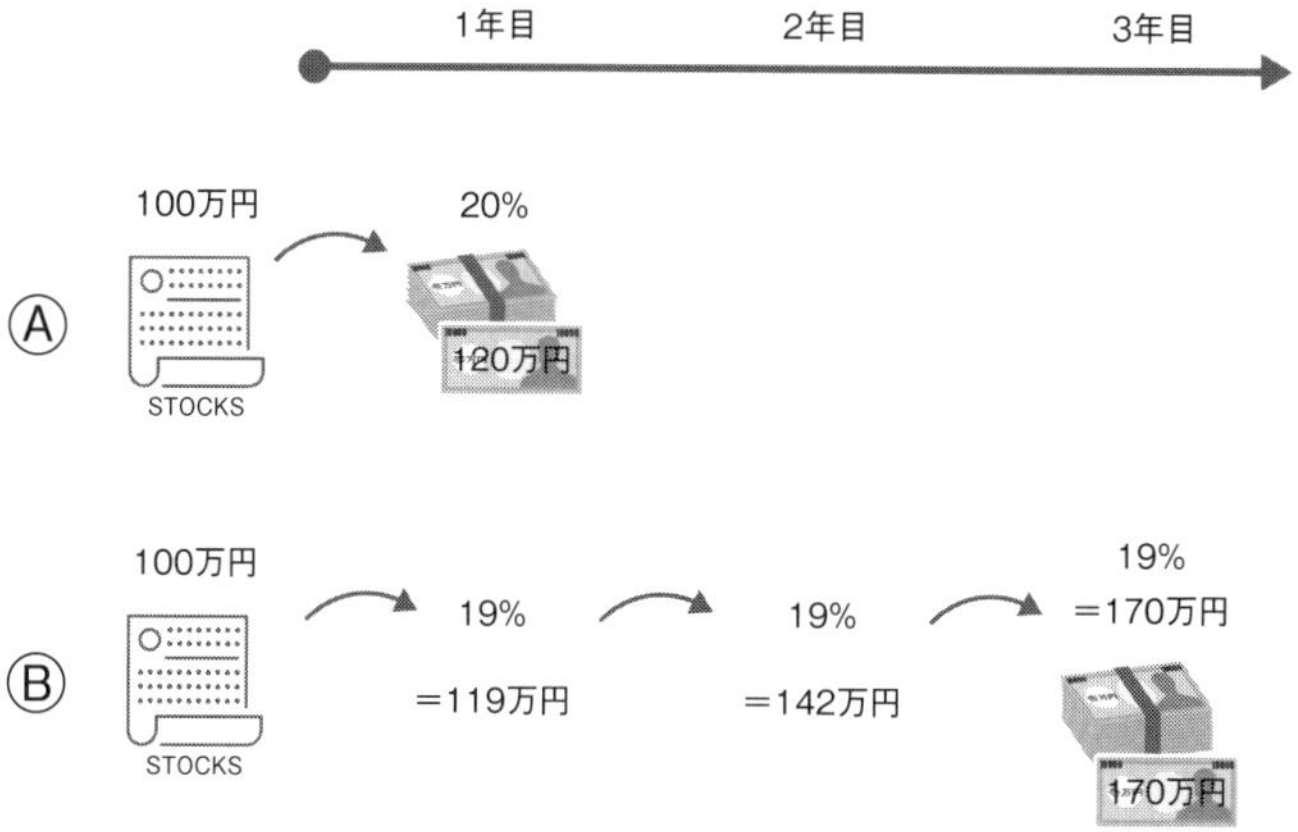

答えは、Ⓐです。

Ⓐは、20％の利回りになりますが、Ⓑはおよそ19％にしかなりません。逆に、たとえばⒷの投資額が96万円であれば利回りは約21％となりますから、Ⓑが選択されます。

投資家目線に立てば、Ⓐという20％で投資利回りを期待できる投資対象がある限り、Ⓑへの投資はしないということです。一方で、Ⓑへの投資をお願いしたければ、4万円安くして96万円にする必要があるということです。

このように、投資には必ず「利回り」が存在します。将来の投資回収想定分を要求する利回りで割り戻してきて、投資金額を決めることを「**IRR（内部収益率）**」で計算すると言います。そして、割り戻す利回りのことを「**割引率**」と言います。ここで大切なのは、**お金は時**

間が経てば利回りが要求されるということと、**投資家は投資と回収を時間軸で計算して、自分の要求利回りで計算される投資額でしか投資をしない**ということです。

リターンを計算する方法

リターンの計算の考え方の次は、リスクの考え方です。

また、ニワトリに戻りましょう。

ここからは設定も入りますが、1日に1個卵を産むニワトリは、普通のニワトリなので長生きできますが、1日に10個も産むニワトリは栄養を使いすぎて、50個を産むまでに死んでしまう可能性があるとします。このように、利回りが高ければ一般的にはリスクが高くなります。

では、1日に10個産むニワトリは、卵何個と交換する価値があるでしょうか。50個を全部産まない可能性があるわけですから、50個ではないことはわかりますよね。45個でしょうか、40個でしょうか、それとも30個でしょうか。

この場合、10個産むニワトリが5日経つまでに産まなくなる（死んでしまう）確率を考えるのです（左図参照）。たとえば、2日後に産まなくなる確率が10％（その場合に獲得できるのは20個だけ）。3日後に産まなくなる確率は20％（30個だけ）。4日後に産まなくなる確率は30％（40個だけ）。5日後に産まなくなる確率は40％（50個だけ）だとします。

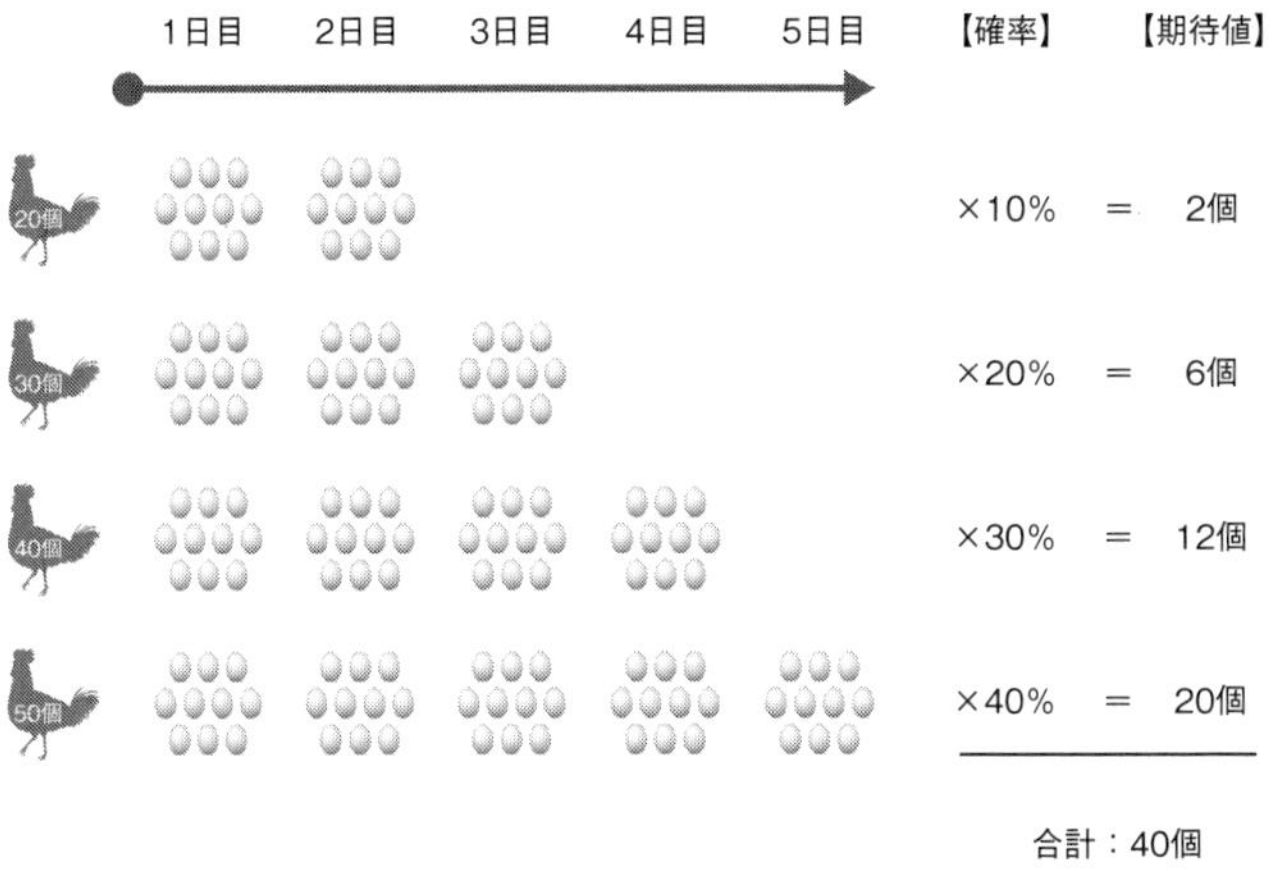

それぞれの利回りとリスクが存在する時には、それぞれの発生確率（リスク）と卵の数（リターン）を掛け合わせて足し合わせていきます。

10％×20個＝2個
20％×30個＝6個
30％×40個＝12個
40％×50個＝20個
合計：40個

ここから、卵40個以下でそのニワトリと交換できるのであれば、「買うべき」と考えます。これが期待値です。

投資の世界では、期待値がプラスになると考えられれば「GO」と考えます。

無借金経営は正しいか？

このように投資家の心理が理解できると、**自己資金として捉えている資本も効率的に使わなければいけない**こともわかると思います。自己資金といえども、あなたは株主業として投資家になるのですから、自分の資金が年間利回り何％で回っているのかを意識しながら、投資先を変えていかなければなりません。

仮に、自分の会社に３００万円を投じ、将来に売却するキャピタルゲインも考慮してＩＲＲを計算した時に、年間２％しか出ないのであれば、その資金でより利率などの高い会社の社債を買っておいたほうがいいという判断になります。

負債と違って資本は、リスクが高い分、高いリターン（利回り）を要求されます。

ちなみに、現在の市況では、資本のようなリスクマネーは年利数％後半から10％くらいを要求されます。一方で、マイナス金利の銀行業界では、中小企業への貸付でも２％くらいの利回りです。**資本と負債では、年間利回りが８％も違う**のです。

８％の差は、単年度で考えるとそんなに大きく感じないかもしれませんが、複数年度で考えると大きな差になります。３００万円で２％の利回りだと、１年目で６・０万円、２年目で12・１万円、３年目で18・４万円の利回りになります。一方で、10％の利回りだと１年目で30万円、２

年目で63万円、3年目で99・3万円となります。よって、その差は、99・3万円÷18・4万円で、5・4倍の差となります。

このようなことから見ても、負債とうまく付き合うのが重要だということがおわかりいただけるかと思います。

負債というのは、つまり借金のことですが、「借金はできればしないほうがいい」というのは、多くの人が自然に持つ考え方でしょう。そのため、「無借金経営」と聞けば、イコール優良企業だというイメージを持つかもしれません。

「無借金経営」をしている会社が優良企業であるということについては、私も異論はありません。しかし、「無借金経営」企業が魅力的であるか、あるいは、「無借金経営」をしている経営者を素晴らしい経営者であるかと質問を投げかけられれば、私は「はい」とは答えません。

前述のIRRや割引率などは、ファイナンス理論の教科書の最初のほうに出てくる考え方で、そのくらい重要な理論であると言えます。また、我々投資ファンドも、ファンドに投資してくれる投資家への説明は、「IRRがどのくらいか」という話から始めます。数多《あまた》ある投資機会の中で自分の事業やファンドに投資してもらうには、リスクに対しての〝あるべきリターン〟がないと振り向いてくれないからです。

このようなことから、投資ファンドは、負債をうまく組み合わせて会社を買うことがありま

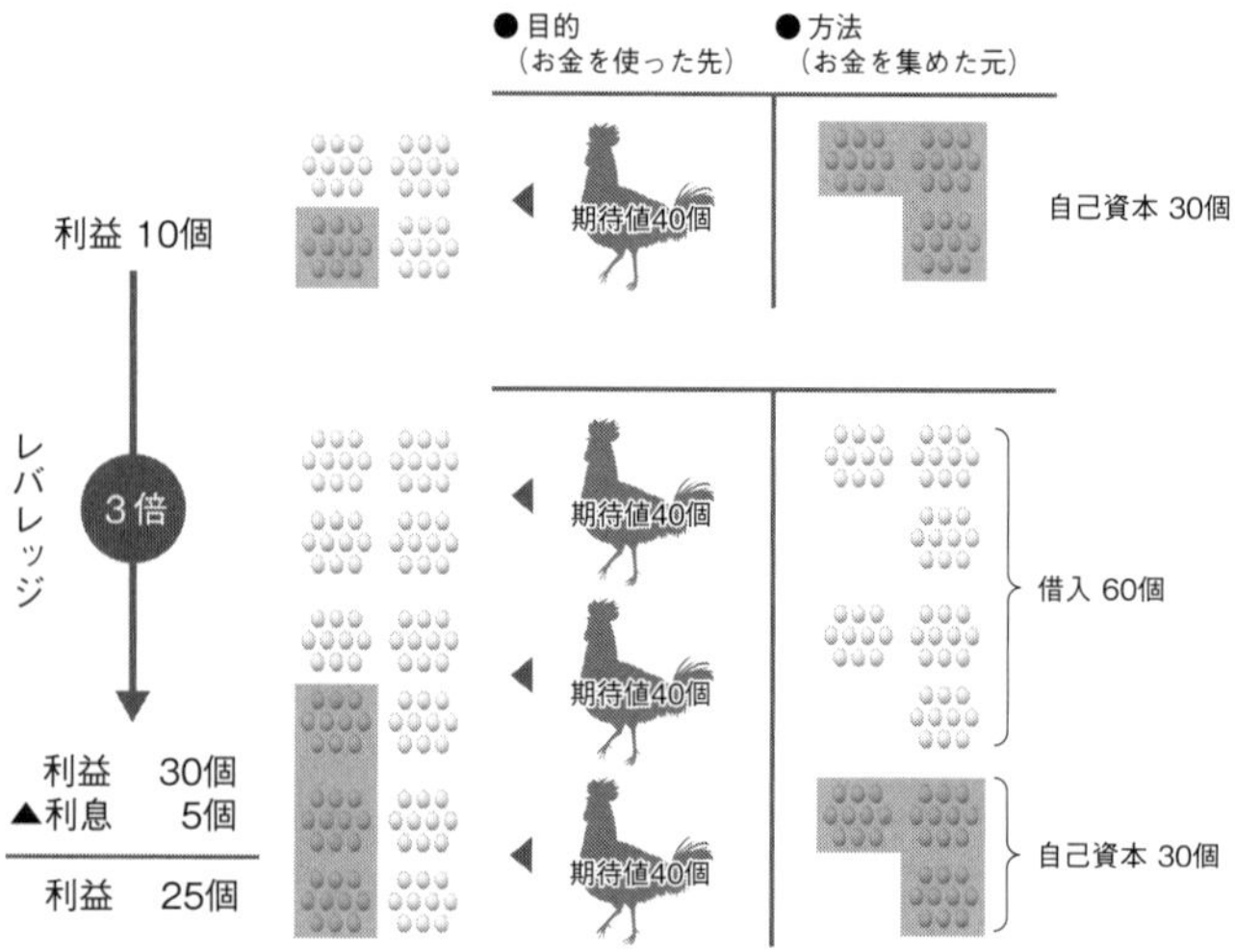

す。ＬＢＯ（Leveraged Buyout：レバレッジ・バイアウト）と呼ばれるものです。資本側で要求される利回りと負債側で求められる利回りとは違うので、この差を利用してリターンを上げるのです。

またニワトリに戻って考えてみましょう（図参照）。

先ほどの例の通り、金の卵を産む期待値40個のニワトリが、仮に金の卵30個と交換できるとします。すべてを自分の卵で交換した場合は、自己資金30個の卵を使わなければいけません。これで期待値通り40個の卵を産んだとしても、10個のリターンでしかありません。

一方で、20個を友達から借りることができて、自分の卵を10個しか使わなくていいとしたら、自己資金の20個が手元に残ります。これも

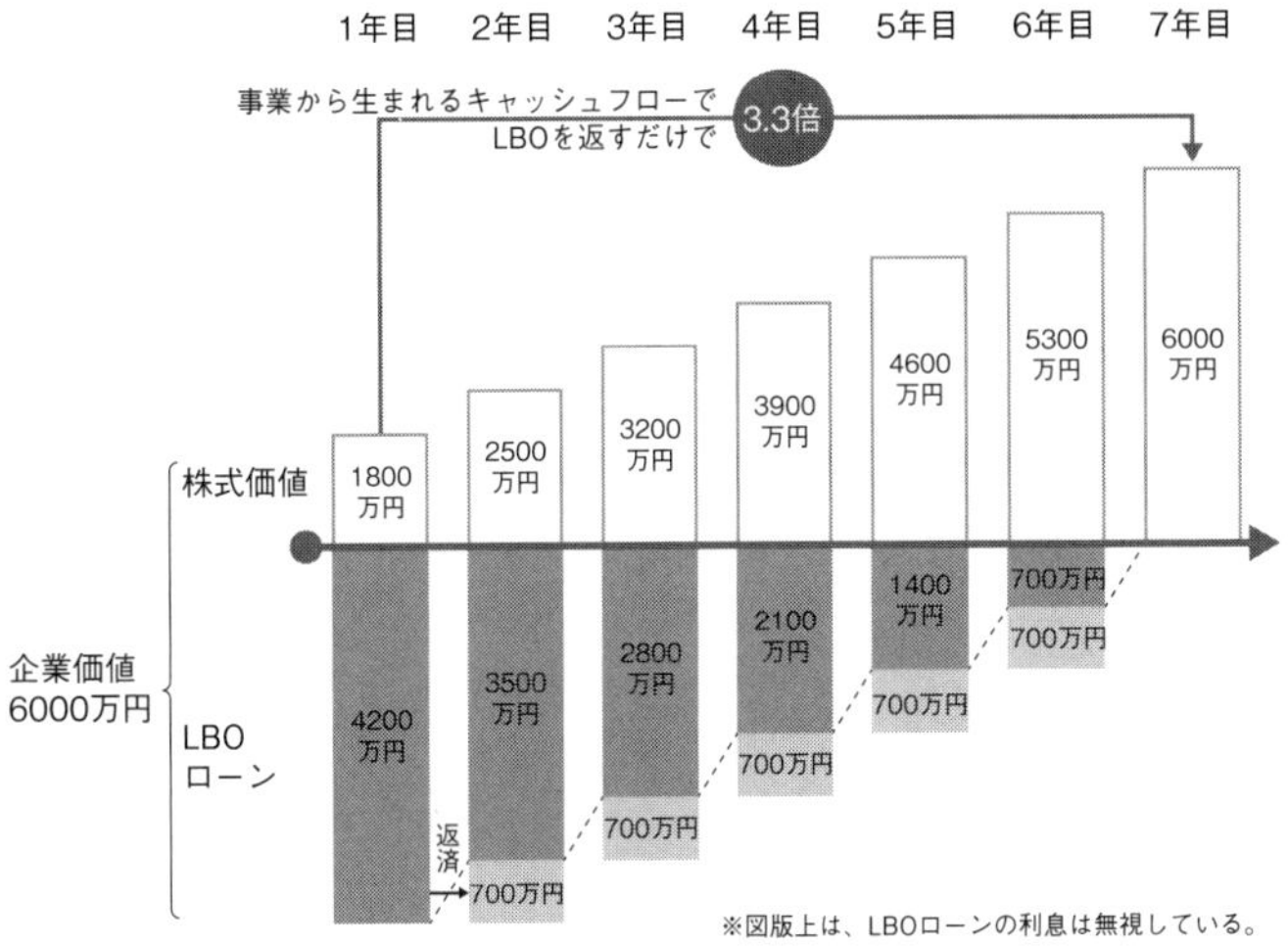

※図版上は、LBOローンの利息は無視している。

同様に、友達から借りた卵を使えば、ニワトリを追加で2羽、合計3羽手に入れることができます。

期待値通りに、それぞれのニワトリが卵を40個産めば、120個の卵が手に入ります。友達には20個×3羽分＝60個を返せばいいので、60個が自分のものになります。最初の手持ち卵は30個なので、30個分が儲かることになります。

もちろん、友達に借りたお返し（利息）を払わないといけません。儲かる30個よりお返しが少なければ、自己資金だけでニワトリを買うより儲かるわけです。卵を貸す友人は、ただ貸すだけなので利息を5個要求したとします。友達から卵を借りずに、自分の卵30個だけでやっていたら10個しか儲からなかったのに、借入を使えば3倍の卵が手に入り、5個の利息を払っても、25個が手に残るということになります。これが「**レバレッジ**」の考え方です。

卵を産ませるという一連の作業を1羽だけで行うのと、3羽一緒に行うのとで、労力はほぼ変わりませんね。ならば、うまく友達の卵（借入金）を使って、レバレッジをかけたほうが、同じ作業でも利益が大きいということです。

しかし、期待値40個を当たり前のように計算していますが、産まれる卵が30個を下回れば、友達に卵を返すと自己資金で投じた10個を回収できません。また、産まれる卵が20個以下になれば、自己資金以上の損失が出て、友達に返す卵をどこかから調達してこなければなりません。レバレッジは、期待値を正確に判断して、取れるリスクを把握して使わなければ大きな痛手にもなりうるのです。

171ページの図を見てください。**EBITDA**が1000万円出ている会社を**マルチプル（倍率）**6倍で買ったとします。6000万円ですね。このうち4200万円をLBO（買収する会社の資産や将来のキャッシュフローを担保として銀行などから資金調達すること）、1800万円を自己資金としてレバレッジをかけたとします。

EBITDAが1000万円出ているということですから、税引き後（税率30％）の返済可能金額は700万円となります。6年間でLBOローンを返済できる計算です。

完済後に、同額のマルチプル6倍の6000万円で売却すれば、まるまるリターンとなります。１８００万円の投資に対して、キャピタルゲインは４２００万円ですね。ＬＢＯローンの利息が毎年２％ついていたとすれば、年間84万円を６年なので、５０４万円となります（返済分は便宜上無視します）。この利息を控除した３６９６万円が、純粋なキャピタルゲインとなります。

ちなみに、簡易的なＩＲＲは、１８００万円が６年後に５４９６万円になったので、20・４％です。１８００万円（投資額）に、１・２０４（ＩＲＲ）を６回（年数分）掛ければ、５４８３万円（投資回収額）で近い数値になると思います。

負債側は年利２％なのに、資本側は20％出るということです。つまり、投資ファンドは、安定的なキャッシュフローが出ている会社を探し出し、それなりのＬＢＯローンを準備できれば、案件を仕立てただけで年間20％の利回りが出るようになっているのです。

当然、案件を発掘して組成する手間やコスト、安定的にキャッシュフローが出なかった場合、売却時に買収時より低く価格が出てしまうリスクなど、さまざまなコストやリスクを取っていますので、濡《ぬ》れ手で粟《あわ》で果実を取っているわけではありません。

ただ、このように投資ファンドは、ファイナンスを理解しているがゆえに負債とうまく付き合うことができ、このような投資のスキームをつくることが、ひとつのビジネスモデルになっているということです。投資のプロが負債を使って利益を創出しているわけですから、負債が良くないとか、無借金経営が絶対的にいいということではないのです。

これをみなさんに置き換えて考えると、会社を買う時に、同様に買収資金の一部を借入でまかなうということもありえます。一方で、負債が比較的多めの会社を買うというのも同じ効果があります。負債を引き継いだ分、株式価値は安くすることができ、買った後のキャッシュフローで負債を返済していけば、負債が減った分は株主（資本側）であるあなたの実入りになるわけですから。

ただし、その借入金に個人保証をつけることは絶対に回避すべきです。また、過剰な借入金は、万が一、事業資金が行き詰まった時に与信枠が足りずに追加で借りることができなくなるリスクがありますから、これも慎重に判断をしなくてはいけません。

どのくらいキャッシュフローが安定しているかや、対象企業の与信がどのくらいあるかなど複合的な判断基準がありますので、実際に会社を買おうとする際には専門的な知識を持った人と進めてください。

銀行からの借金はしたほうがいい

このような理論的な部分以外にも、銀行との関係性を築いておくことの重要性はあります。**銀行との良好な関係性を持つ最良の方法は、実は「借金」をして、「返済する」という実績をつく**

ることなのです。

まず、新規で銀行から借り入れをするためには、審査が必要です。融資の申込書を提出するとともに、3期分の決算書を提出し、銀行の審査を受けなければなりません。中小企業の新規融資では多くの場合、銀行の貸し倒れ保険的な組織である「信用保証協会」の審査が求められます。

これらの一連の審査には、かなり時間がかかります。2ヵ月くらいは見ておかなければいけません。そして当然、最初の取引ということになると、「まずは少ない額から」となります。多くの場合、希望した額の満額が出ることは難しいでしょう。すると、また別の貸し手を探しにいかなければいけません。

このタイムロスが、資金繰りの厳しい時に大きな影響を与えます。

一般的に、お金を借りたい、どうしてもお金が必要な時というのは、苦境に陥《おちい》った時、切羽詰まった時です。しかし、**切羽詰まった時ほど銀行はお金を貸し渋ります**。リーマンショックのように経済状況が全体的に悪化すれば、さらに貸し渋ります。景気が悪くなれば、企業の業績も悪くなる可能性が高いわけですから、資金繰り的には悪循環に陥り、泣きっ面にハチ状態になるわけです。

私も過去の投資先で、リーマンショック後の厳しい経済環境の時に、銀行を回りながら資金の手当てに走ったことがあります。やはり、色良い答えを出してくれる先はありませんでした。なんとかリスケをしながら景気回復を待ち、業績も改善させていきました。その会社は、その後どうなったでしょうか。なんと、今では、その頃の4倍以上の売上になっています。

あの時、どこかの金融機関が手を差し伸べていれば、かなりの優良企業に〝恩〟を売れたわけです。しかし、景気の悪い状況では、そのようなリスクを取る金融機関はないと考えておいたほうが、経営側としてはリスクを回避できる可能性が高くなります。

２０１１年の東日本大震災の一時期をのぞけば、日本経済はこの10年ほど安定していますし、マイナス金利のおかげで、資金調達の環境としては異次元に借りやすい環境にあります。10年前以前の経済環境を経験していない人は、あまりピンと来ないかもしれませんが、景気が悪化し、信用収縮すれば、多くの企業が資金繰りに奔走《ほんそう》することになります。

ですから、私がおすすめするのは、経営や資金に余裕のある時に銀行から借り入れをしておくことです。遅延なくきちんと返済しておくことはもちろんですが、できれば設備投資や人を増やすなど、その資金を資産に変えて経営をすることです。

そうした銀行との関係性と実績があれば、お金が必要になった時に、比較的簡単にお金を借りられます。

追加融資は、新規融資よりもはるかに早く、簡単です。

なぜなら、その企業に対する審査がすでに終わっているということもありますが、お金を貸している企業が資金繰りに詰まった場合、銀行からすれば、その会社が潰れてしまったら貸しているお金が返ってこなくなってしまう、という発想にもなるからです。

追加で融資することでその会社が倒産を免《まぬか》れ、経営を続けていくことができるのであれば、「貸したほうがいい」という判断をしやすいのです。すでに融資している会社に対して銀行が親身になるのは、当然のことです。

もっと言えば、私が企業再生の関係でお邪魔するような会社には、銀行が資金を貸しすぎて、とうてい返済できないような債務超過の状態となりつつ、潰すこともできないようなところがあります。銀行としても、大口融資先の会社を潰してしまえば、多額の貸倒損失を計上しなければいけなくなるからです。貸しているほうが強いのか、借りているほうが強いのか、わからないくらいの関係も見たことがあります。

ちなみに、こうした傾向は、小さな地銀や信金・信組などで顕著です。金融機関としての体力もないことから、大きな貸倒損失を出すと貸し付けた金融機関自体も経営が傾く可能性があるからです。小さな銀行からお金を借りて返せない会社が、10年どころか、30年、50年計画で返すスケジュールを立てているケースもあるくらいです。

このようなパワーバランスを悪用するのはよくありませんが、ドラマ「半沢直樹」の半沢ネジも、いわゆるメガバンクの産業中央銀行から追加融資を受けることができず、内海信用金庫からお金を借りることができたという設定になっています。現実にも、地域に根ざした地銀や信金は地縁を重視する金融機関でもあることから、地元の中小企業との関係を非常に重視してくれます。

マイナス金利時代の銀行付き合い

このように、銀行との付き合いをつくっておけば、電話を一本入れればすぐに担当者がやって来てくれるはずです。そしてその場で、どのくらいの融資が可能なのかを個人的見解でも教えてくれます。すぐに銀行に戻り、1週間もしないうちに正確な回答があるでしょう。

「今はさほど投資は必要がない」という状況の時でも、多額である必要はないので、借り入れはしておいたほうがいいでしょう。借りても現金で持っておくだけなら、金利だけかかってもったいないことは確かですが、ご存じの通り、現在は相当に低い金利で借りられます。「**いざという時の保険**」だと思って借りておいたらいいと思います。

返済が終わりそうになったら、返し切る前にまた借り入れをすることをおすすめします。銀行は担当者がすぐに変わってしまいますから、人的なつながりを確保しておくことは重要です。

また、借金は1行だけでなく、複数からしておくことです。複数に声をかけて、金額や金利、期間など条件の相見積もりを取れるからです。

たとえばひとつの銀行から、長期で４０００万円、短期で１０００万円の借り入れをしているとします。この短期の部分を長期に変えたいとするならば、ほかの銀行に長期借り入れの申し込みをします。５００万円の長期借入ができれば、１０００万円のうち半分を長期に変えられることになります。

銀行は今、貸し出す先がなくて困っている状況です。つまり、借り手市場でもあるのです。ですから、複数の銀行を当たれば、より良い条件を引き出すことも難しくありません。メインバンクとして助けてくれるシーンもありますから、メイン銀行との人間関係は構築しながら、ある一定量は経済合理的な判断をするというのが、銀行との付かず離れずの良好な関係をつくるコツです。

第４章　賢い会社の買い方

時価評価で資産か死産かを見抜く

（財務）**デューデリジェンス**とは、前述の通り、企業の財務内容を精査して、その資産価値を適正に時価評価することです。いったい、どのように行うのでしょうか。

あらゆる企業は、少なくとも年に1回、決算期に財務諸表を作成します。上場企業などでは、四半期（3ヵ月）ごとに公開する企業が多いですね。さらに、毎月の数字をホームページなどで公表している企業も多くあります。

大企業であれば、監査法人が入って財務内容について精査をしているので、ある程度は信用できます（といっても、日産自動車ほどの世界的な大企業が経営者の長期にわたるとんでもない金額の報酬を隠蔽《いんぺい》していたように、それすら信用ならないわけですが……）。中小企業の場合は企業側の自己申告にすぎないので、当然、実態と業績にズレが生じていることが往々にしてあります。そのため、M&Aの際にデューデリジェンスをしなければ、実態よりも高い金額で買うことになってしまう可能性があります。

ですから買う側は、まずはどういう経営状態なのかを把握し、それから企業の実態が本当に財務諸表通りなのか、隠れたマイナスポイントはないのか、きちんと企業を査定する必要があります。

簿外債務を過剰に怖がるな

前著の発売後、話題が広がるにつれ、「300万円で会社を買えても、ボロボロなうえに『**簿外債務**』を抱えているような会社だ」とSNSなどでコメントする方がたくさん出ました。M&Aには「簿外債務」がつきまとう印象があるのか、なにかバズワードのように発生しました。

会社を買って株主業をして投資家になるみなさんは、こういったバズワードに惑《まど》わされることなく、期待値の計算も頭に入れながら、冷静なリスク計算をしなければいけません。冷静にリスクを考えるコツは、「**細分化**」と「**定量化**」です。「簿外債務」にはどういった債務が存在しうるかと「細分化」し、そして、それらのリスクを金額に直して「定量化」すれば、「期待値」を計算することができます。

まずは、細分化のために、どのような簿外債務が存在するのかを理解しておきましょう。簿外債務でもっともよくあるのは、従業員に関するものです。

ここで大雑把に言ってしまえば、みなさんが個人M&Aで買おうとしている会社は、従業員が10人や20人もいないサイズ感です。仮に何かが出たとしても、大したことはありません。

従業員が何百人にものぼるような会社のM&Aであれば、たとえば従業員500人に30万円の支払いが出るようなリスクがあった場合、1・5億円もの損失になる可能性がありますが、5人の会社であれば150万円ほどのリスクです。150万円のリスクを回避するために、何百万円もの費用を払って会計士を雇い、精査（買収監査＝デューデリジェンス）するべきかは、冷静に判断する必要があります。

それでは、簿外債務になりうる各項目について考えていきましょう。

従業員への支払いが生まれる項目とは、**賞与引当金**や**退職給付引当金**、**未払い残業代**や**社会保険未加入**などです。「**引当金**」とは、積立金のことと考えてもらえば問題ありません。これらは、賞与や退職金を支払うための積立金です。とくに退職給付引当金が大きな金額になりますが、退職時に給付する退職金の積み立てがなされない＝将来的に発生するにもかかわらず、BSに表記されていない、というものです。

上場企業では、2001年の証券市場の会計基準の変更から、このような退職金の積み立てを、退職するであろう従業員が勤務している間、毎年の費用として認識し、負債として記録し、現金を残しておかなければいけないことになりました。そして、退職者に退職金を支払った際に、現金で支払い、退職給付引当金という負債が減少するという会計処理を行います。

一方で、中小企業など上場していない会社は、税務署が所管するルールで会計処理をしており、税務上の会計ルールでは、この引当金の計上が不要とされています。つまり、中小企業の場合は、悪意なくこのような引当金を積んでいないケースがあるのです。

とはいえ、みなさんが買う会社のサイズであれば、デューデリジェンスで、一人ひとりの従業員の賞与や退職金を確認すれば解決することです。また、未払い残業代や社会保険の未加入なども、確認すればわかります。

未払い残業代に関しては、残業代の支払い義務のない「管理監督者」の定義など曖昧《あいまい》（行政裁量）な部分があります。状況を確認した後に、必要あれば一度、匿名で労働基準監督署に確認するなどの方法を取れば大丈夫です。

また、仮に未払い残業代が問題になって従業員が訴え、遡及《そきゅう》して支払わなければいけなくなったとしても、2年分だけです。2年が経過した月の分は、時効となっていくのです。リスクを「定量化」した場合、未払い残業代×5人分×2年分です。一人あたり月に30時間の未払いがあった場合、時給を1500円と考えれば月に22・5万円。2年で540万円です。

このような計算は、リスクを定量化するという点でも重要ですし、売り主への価格交渉でも必要となっていきます。未払い残業代が発生するリスクが存在するので、会社の譲渡価格で調整できないか交渉することができるわけです。

一方で、未払い残業代は、従業員が訴え、労働基準監督署や裁判所が支払いを指示しなければ発生しません（補足すると、未払い賃金・残業代等を請求するための裁判手続きは、「労働調停」「労働審判」「労働訴訟」などですが、詳細は専門書にゆずります）。しかし、「会社を買う」ということで考えれば、仮に社員5人全員が訴えるような状態になっているのであれば、譲渡価格の交渉以前に、その会社の組織自体が崩壊してしまっていることを意味します。従業員とうまくやっていけるかの確認すらできていないということになりますし、その会社を買うことはまずないでしょう。

このように考えていけば、前述の5人の従業員がいる会社のケースで、最大で540万円のリスクが存在するものの、発生の確率を加味したリスクの期待値（リターンだけではなく、リスクの場合も「期待値」と言います）では、100万円も存在しないということが冷静に考えられるかと思います。

次にありうるのは、経営者関係の簿外債務です。会社が連帯保証をしている債務の存在、買掛金などの計上漏れ、投資商品や為替などでの損失や訴訟リスクなどです。

いずれも大企業のM&Aと違って、経営者なら把握している内容になりますから、BSに計上されていない負債以外に、会社が抱えうる負債はないかを確認すればいいだけです。

M&Aは「表明保証」を忘れずに

M&Aの場合は、このような確認をしたのちに最終契約書に「表明保証」という条文を入れます。確認したものに対して「嘘はない」と保証してもらい、もし何かあった場合は、その損失を補塡してもらうような契約を取ります。簿外債務が見つかった場合は、売り主に支払ってもらうことになります。

会社の売り手には、引き継ぎでしばらく事業を手伝ってもらわなければいけないケースがほとんどですから、継続してコミュニケーションを取るはずです。半年もすれば、このような負債の有無は把握できるでしょう。心配であれば、想定される簿外債務の金額分を後払いにするような契約にすれば回避できます。

それ以外は、工場などの土地が汚染されていて、土地を売却する時に発生するかもしれない土壌改良の費用のようなものです。これも、実際に売却せずに保有し続けておけば発生しませんから、発生確率自体が低いでしょう。

また、上記の訴訟リスクも含めて、仮に支払うことができないほどの多額な損失が生まれたとしても、あなたが300万円で会社を買ったとしたら、有限責任のもと、法的には300万円以上の金銭的なリスクは存在しないのです。

いずれも、簿外債務が存在しないとか、確実に回避できるということを言っているのではありません。可能性はあるものの、冷静に「細分化」し、「定量化」することでどういったリスクが存在するかがわかる、ということです。そのリスクに対して、発生確率を考えてリスクの「期待値」を計算したあとに、投資リターンと比較して、トライするかどうかを考えればいいのです。

この場合も、無理に会社を買わなければいけない理由はありません。今、述べたような点に関して十分に検討したうえで、「やはりリターンの期待値が高くない」と判断したら、見送りましょう。

「アービトラージ」を味方にする

サラリーマンが「会社を買う」ということでは、一義的には「事業をする」という視点で買うことが大切だとお伝えしました。サラリーマンを続けるより自由度の高い人生を送ってもらいたいと考えているからです。

もちろん投資ですから、最終的にはリターンが出たほうがいいに決まっています。そこで、キャピタルゲインがどのように出てくるのかを考えておくことが重要です。

これに関しては、さまざまな変数があります。安く買えるのか、事業価値を上げられるのか、高く売れるのか。たとえば、会社を買った時には経済環境がよかったものの、会社を売ろうと考えた時に経済環境が悪化していた場合に、自分の実力とは無関係なところでキャピタルゲインを取れない可能性があったりします。よって、あくまでも**アップサイドのリターン（価格上昇による利益見込み）**として考えておいたほうがいいということを重ねてお伝えしておきます。

投資の世界には、**「アービトラージ」**という言葉があります。異なる市場における価値評価のギャップを利用して売買差益を出すことです（一般的には、先物取引の買い方のテクニックのひとつとして使われている手法のことですが、そちらについてはネット検索をしてみてください）。中小企業を買うことに関する「アービトラージ」とは、「競争原理が働きづらい相対取引での買い」と「競争原理が働く市場取引での売り」という、２つの売買の市場原理の特性を利用して、その差益でリターンを出す方法です。

M＆Aにおけるアービトラージが生まれる背景には、日本における「身売り文化」という独特の価値観の存在があります。

最近でこそ、大企業を中心にM＆Aという経営手法が浸透し、会社を売ったり買ったりすることに関する社会の強い抵抗感がなくなってきていますが、中小企業の会社売却に関しては、まだまだ「身売り」という表現がついて回るのが実情です。

中小企業の経営者の平均年齢が70歳に近づき、その半数に事業の担い手がおらず、大量の中小企業が廃業を余儀《よぎ》なくされる「**大廃業時代**」の到来が現実味を帯《お》びてきました。そのためここ数年、国も本腰を入れて事業の承継を推進する動きを加速してきました。中小企業の会社売却も、「**事業承継**」と少しポジティブな言葉で表現するようにはなりましたが、実際の現場では、まだまだ堂々と「会社を売る」と事前に公《おおやけ》にする経営者は多くありません。

中小企業は、少ない人数、かつ、人的なつながりで経営していますから、会社を売るという情報が取引先や従業員に少しでも知られると、一気に全員に広まり、収拾がつかなくなってしまいます。

また、中小企業の経営者は地元の名士のような方も多く、会社以外の場所で、商工会議所などの役職についていたりします。売却前に知られて、もし仮に売却に至らなかった場合は、会社経営はもとより、地元での生活にも大きな影響が出る可能性を危惧《きぐ》する方が大勢います。同様のことから、経営者仲間や顧問税理士にも相談しづらいようです。

さらには、「銀行に知られると融資を引き揚げられるのではないか」と不安を覚える方も多いようです。

銀行からすると、高齢の経営者に引き継ぎ手がいない場合は、今後の取引が継続するか、融資を返し続けてもらえるのか、不謹慎ながらいきなりぽっくりいってしまわないかなど、不安なところがあります。そこで最近では、銀行も事業承継の情報を積極的に発信したり、事業承継セミナーを開催したりするようになっているのですが、自行の取引先にはあまり参加してもらえないようです。ただし、営業エリア外の取引先は集まるようで、やはり経営者は、まだまだ自分のメインバンクには相談しづらいと考えているようです。

このようなことから、誰にもバレずに、公にならずに、会社を買ってくれる先があれば、そのような買い手を優先して交渉を進めたいという経営者が多くいるのです。

私たちのような**バイアウトファンド（プライベートエクイティ：PE）**は、このようなニーズにも対応しています。プロとしてさまざまな投資案件を見ていますから、意思決定のスピードも早く、やると決めたら途中でハシゴを外したりしません。また、多少の簿外債務があったり、デューデリジェンスで思った以上に検証ができなかった場合でも（公にしないことからキーマンに会えなかったり、取引先などへインタビューができなかったりします）、それらのリスクを織り込んで意思決定することから、一定の存在価値を認められているのです。

読者のみなさんはプロではありませんので、ここまですることはできないと思います。それでも、このような売り手の心理を理解しておけば、うまく相対で会社を買うことができる可能性が高まります。**価格形成の基本は、需給バランスで決定されていきます**から、自分が会社を売却する時により多くの買い手に声をかけるだけでも、**市場原理**が働き、買いより売りのほうが高くなることはおわかりいただけるかと思います。

このように書くと、人様の足元を見て会社を買うことを推奨しているように勘違いされるかもしれません。しかし私は、そこに付加価値があると信じています。

さまざまなしがらみにとらわれた経営者から経営を引き継ぐだけでも価値があると思いますし、良いしがらみ（経営者の属人的な関係）を深く検証できないまま、それが断絶してしまうことで生じる事業継続のリスクもある程度は取らなければいけないかもしれません。引き継いだ後に自走できる組織にしなければ、自分も市場原理を働かせた会社売却までは持っていけませんし、会社を高く評価してくれる買い手を見つけるのも簡単なことではありません。

「アービトラージ」と書くと、付加価値のない「**利ざや**」との印象を持つ人もいるかもしれません。しかし、少なくとも今の日本においては、売り手よし買い手よし地域よしの「三方よし」となる仕事なのです。

この10年がチャンスである理由

「今の日本においては」とは、いったいどういうことでしょうか。

大廃業時代と言われるのは、事業承継をしなければいけない売り手が圧倒的に多く、買い手が少ないということです。それは当然、買い手側に有利な環境が存在しているということでもあります。


また、その仲介をするプレイヤーも、数に対して十分ではありません。

中小企業売買の仲介を専門で行っている会社は、上場している会社で3社しかありません。前述のように、日本M&Aセンター、M&Aキャピタルパートナーズ、ストライクです。これから10年間で126万社が事業承継していくことを考えると、上場企業が3社では少ないでしょう。

私の周りでも、中小企業の仲介会社がベンチャーキャピタルなどから資金調達を行い、上場に向けて準備をしているところがいくつもあります。


このようなことから、事業承継に関する専門家も、需要に対して供給が間に合っておらず、中小企業の会社の価値も「純資産＋営業利益3年から5年分」といった、そこまで合理的で個別具体的ではない計算方法しか存在していないのです。大企業であれば、「**DCF法**」(Discounted

Cash Flow method：事業が生み出す期待キャッシュフロー全体を割引率で割り引いて、企業価値を算出する方法）や「**類似企業比較法**」（評価対象に類似した上場会社の株価を基礎として評価対象の企業価値を推定する方法）など、それなりの企業価値の評価方法がありますが、中小企業は「言い値」に近い価格決定になっているのです。

しかし、これから10年も経てば、「身売り文化」の誤解は払拭《ふっしょく》され、買い手や仲介といったプレイヤーも増えていきます。そこまで大きなアービトラージが存在する市場ではなくなると思います。また、経営者の高齢化が進む中小企業の事業承継問題を解決することを考えると、早く解決されたほうがよいと思っていますので、私もこのような本を上梓《じょうし》し、世間に実態を知ってもらいたいと願っているのです。

固定資産の価値を査定する

アービトラージが起きるもうひとつに、固定資産の評価方法があります。**固定資産**にはいくつかの項目がありますが、大きなものは土地、工場、ビル、設備、機械などです。

固定資産の資産査定は、設備や機械は購入金額と減価償却によって決まっています。時価評価するべきは「**不動産**」です。工場やビルは時間が経てばほとんど価値がありませんし、もし売ろうと思っても、価値があるどころか壊して更地にしなければならない「負の資産」である可能性が高いと言えます（それはそれで、解体費などの査定をしておくべきですが）。資産価値をきちんと査定するべきなのはやはり土地です。

というのも、土地の評価は、時価とはかけ離れている場合があるからです。

低く算出されているのであれば、M&Aの際の価格が安くなるのでいいのですが、高く算出されている場合もあれば、実際の価値がずっと低いということもあります。ですから、相場と見比べてみるといいでしょう。簡単に調べる方法として、町の不動産会社に相場を聞いてみるといいでしょう。

100億円儲けた村上ファンド

2005年、村上世彰《よしあき》さん率いるM&Aコンサルティング（通称：村上ファンド）の関連会社で、投資顧問業を手がけるMACアセットマネジメントが、TBSテレビ（東京放送）の株を9月30日時点で7・45％保有していたことが、10月14日に財務省関東財務局に提出した株式大量保有報告書で明らかになり、騒動になったことがありました。

フジテレビの親会社であるニッポン放送の株を、堀江貴文さん率いるライブドアが買い占めるのを村上さんが手伝い、村上ファンドが超有名になった半年ほどあとのことでした。フジテレビに続いて、今度はTBSを乗っ取るのか——とメディアは騒ぎたてました。

結果として、村上ファンドはＴＢＳ株を売却し、１００億円を超える売買差益を上げたそうです。その多くは楽天が買ったという話もありましたが、ＴＢＳは株価が上がっただけでとくに損もしなかったため、騒ぎは収束しました。あの時、村上世彰さんが何をしたのか、わからない人ばかりだったと思います。あの騒動はいったい、何だったのでしょうか？

当時、上場企業の株は、企業の事業による利益水準をベースに判断されることが多くありました。視聴率によって主な売上である広告収入が決まるテレビ局の序列は、民法キー局の中では当時、フジテレビが断トツの1位で、日本テレビ、テレビ朝日、ＴＢＳの順でした。

ＴＢＳは、２００5年3月期の決算資料を見ると、売上高３０１７億円、当期純利益10億円で、黒字ではありましたが、テレビ局としては売上高がフジテレビの半分で、利益率は０・３％しかありませんでしたから、収益性はまったく高くなかった、ということになります。

しかし村上さんは、このＴＢＳの株を**ＢＳ視点**で見ていました。そして、ＴＢＳ株が割安に放置されていると考え、密《ひそ》かに買い占めを行ったのです。

村上さんが着目したのは、ＴＢＳ本社社屋や現在の赤坂サカスがあるエリアなど、ＴＢＳが保有する約1万坪の赤坂の土地でした。都心の超一等地です。ただし、バブル崩壊以降、２００４年まで15年、赤坂の地価は下がり続けており、最高値である１９９０年の価格の7分の1程度にまでなっていました。どこまで下がり続けるかわからない時期でしたので、赤坂の土地に対する評価は低かったのです。

加えて、ＴＢＳは、１９９７年に新宿からお台場に移転したフジテレビのように移転計画もなく、土地を売ることは前提にしていませんでした。また、当時は赤坂サカスが２００８年にオープンする前で、現在のように土地をうまく運用できるとも思っていませんでした。投資家もＴＢＳ自身も、赤坂の土地を正しく時価評価できていなかったのです。

村上ファンドがＴＢＳ株を７・４５％買い占めたのが発覚した後、村上さんはＴＢＳに対して、保有するプロ野球球団「横浜ベイスターズ」の売却や経営陣による自社株買収（ＭＢＯ）を提言したと発言しました。

同時に、この赤坂の土地の価値を強調しました。テレビ放送事業は赤坂でなくてもできるわけですから、フジテレビのように移転して、赤坂の土地を切り売りすれば巨大なキャッシュになるし、現状のままでももっとうまく活用すれば、不動産ビジネスがＴＢＳの大きな収益の柱になる。そうすれば、適切に時価評価された資産がＢＳに計上され、結果、純資産も増える。ＢＳにある土地は適正評価されていないことから、純資産をベースに評価される株式価値も適切に評価されていない、と訴えたのです。

その後、わずかの間にＴＢＳ株が高騰したのを見て、村上ファンドは即座にＴＢＳ株を売り払い、１００億円を超える売買差益を手にしました。さすが、と言うほかありませんが、実際に村上さんの主張は正しかったのです。これは、ＰＬだけを見ていてはまったくわからないことです。

このように書くと、まるで守銭奴《しゅせんど》のようにも聞こえますが、それは違います。

村上ファンドのような投資ファンドの形態を**「アクティビスト」**と呼びます。経営者が効率的に経営をしていない場合に、株式の一定量を買って、効率的な経営をうながす役目を負う人々です。

当時の日本の上場企業は、海外に比べ、企業同士の株式持ち合いという形をつくり、馴《な》れ合いの〝株主ごっこ〟をしていると揶揄《やゆ》されていました。株式を持ち合っている同士はいいのですが、証券市場で普通に株式を買っている人たちの投資効率が高まらず、投資家たちが割りを食ってしまうことになります。

よって村上ファンドは、このような馴れ合いを指摘するために、非常に重要な問題提起を行い、現在の日本の証券市場は、かなり世界基準に近づいたと言われています。

のれん代を見極める

適切にＢＳを評価させることでリターンを上げるうえで、ひとつ参考になる株価評価の基準を紹介しましょう。

株の売買をされるならご存じの方も多いかと思いますが、「ＰＢＲ」という基準です。Price Book-value Ratio の略で、Book-value は「純資産」、Ratio は「比率」のことです。つまり、ＰＢＲとは、純資産に対してどのくらいの株式価値がついているかを見る指標なのです。

中小企業の会社の価値の指標は「純資産＋営業利益３年から５年分」というものでしたから、この営業利益３年から５年分が上乗せされています。純資産が１００で、営業利益が10×３年分だとしたら、１３０ですので、１・３倍となります。これがＰＢＲです。

ちなみに、正確なＰＢＲの定義は、「１株あたり純資産に対する株価の倍率」となりますが、概念を理解できれば十分なので、すっ飛ばして大丈夫です。

なぜ日本の株式価値は低いのか

２０１８年12月19日付の日本経済新聞に興味深いニュースがのっていました。日本の上場企業の約５割がＰＢＲ１倍を割り込んでいるというのです（https://www.nikkei.com/article/

DGKKZO39113040Y8A211C1EN2000/)。これは、株主の持ち分である純資産より株式価値のほうが低いということを意味します。理論的には、すべての株式を買い集めて所有権を持ち、会社の資産を売りさばいて、負債をすべて返して清算すれば、買い集めた株式価値より多くの現金が手元に残ることになります。

なぜ、このようなことが起こるのでしょうか。ここまで読み進めてくださった読者のみなさんには、もうおわかりいただけるかと思います。

要因は大きく2つです。「資産を全部売り飛ばしても資産価値以上の現金にならない」か、「将来的に損失が出て、資産価値を毀損《きそん》する可能性がある」と証券市場が見ているかのいずれかです。

ちなみに、実際に清算すると、清算に関する費用も出てきますから、単純にこのようにはなりません。あくまで理論的な数値としてお考えください。

「資産を全部売り飛ばしても資産価値以上の現金にならない」というのは、BSにあるそれぞれの資産の金額を市場価格（時価）で評価すると、BSの額面以下の金額になるということです。BSにある資産のうち、現金以外は、その資産評価されている金額以上の現金を生み出すものであるべきですから、額面以下になっているということは、事業運営について真正面から否定されているようなものとも言えます。

PBRが1倍より大きくなるには

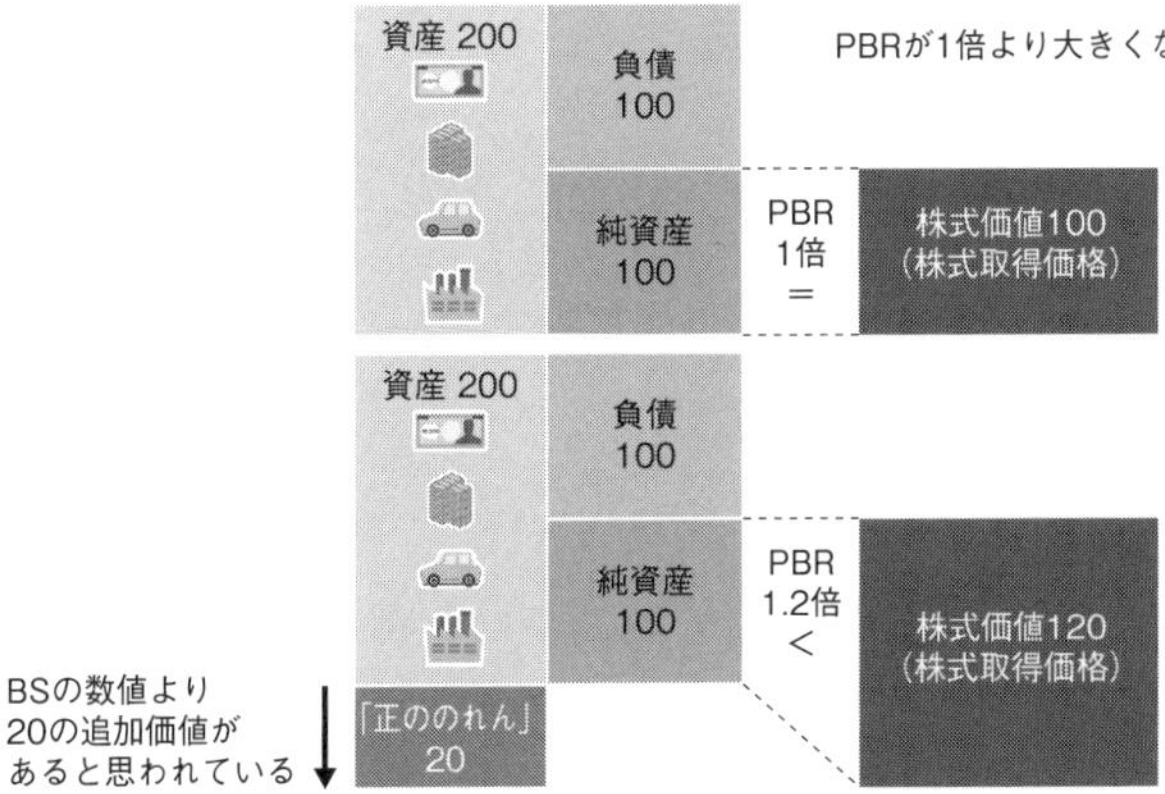

日本の企業のPBRが低いいくつかの理由に、これまでお伝えしたような「資金効率の低さ」や「土地神話」なども関連してきます。

前述したAppleのように、**CCC（Cash Conversion Cycle：キャッシュ・コンバージョン・サイクル**＝企業が原材料や商品仕入などへ現金を投入してから最終的に現金化されるまでの日数）をマイナスにするくらいの徹底した感覚を持って資本効率を高めようと考えている企業が少なく、かつてのミクシィのように無駄に現金を積み上げているような企業も少なくありません。

また、土地神話には「持っていることに価値がある」という発想もあり、建物も含む土地が収益を生むような努力をしていなかったり、さまざまなしがらみもあってか不要な土地（**遊休資産**）を売却するという意思決定を行っていなかったりする、ということがあります。地方などの土地をたくさん持っている企業は、今後の日本の土地価格下落を考えると、額面より低く評価されていてもおかしくはありません。

「将来的に損失が出て、資産価値を毀損する可能性がある」というのは、将来の計画において赤字が出て、ポイント残高である利益剰余金が減るのを想定されているということです。赤字の要因には、事業自体の赤字ということもありますし、訴訟などで敗訴するなど偶発債務（将来生じるであろう債務）も考えられます。この偶発債務は、遊休資産の工場などを売却して発生するであろう土地の除染や原状回復などの将来かかるであろう費用なども含まれます。

このような、資産全体をどのくらい効率よく運用できているか（資産の額に対してどのくらいの利益を出せているのか）という経営指標がROA（Return On Assets：総資産利益率）です。利益を資産金額全体（総資産）で割ったものですが、日本の企業はＲＯＡも低く、資産が手持ち無沙汰になっている状態が多いことがわかります。

先の村上ファンドは、このＰＢＲが低く評価されていたり、ＲＯＡやROI（Return On Investment：投資した資本に対して得られた利益）が低かったりする会社の株を買い、それを適正値に戻すことによってリターンを出すようなファンドの投資スタイルになっていました。

これまでの説明の通り、中小企業もPBRが1を割り込むことはありえます。

たとえば、事業を停止したら原状回復が必要といった偶発債務を抱えている会社や、社長が急死して経営する人がいない場合なども、通常、資産を切り売りすると、全体で使うよりは価値が下がりますし、切羽詰まって叩き売りになると、これもまた売却価値は下がりますから、PBR1以下になる可能性があります。

つまり、会社を買う場合、遊休の土地などをうまく開発してBSにある価格より高く売れば、結果としてPBR1を切って買えたことになりますし、売れなくなった在庫の評価を下げてBSにのせていた場合に、別の商流（商的流通・取引流通）をつくって高く販売できたようなケースも当てはまったりします。

実際に私の投資先でも、同様の事例がありました（守秘義務上、少し数字を変えています）。

事業再生の段階で弊社が事業を譲り受けた会社で、いくつかあるうちのひとつの土地を路線価で評価したところ5000万円だったので、事業譲渡代金の内訳でも5000万円で買いました。主要事業から見れば、有効活用ができていない遊休資産であったことから、近隣の工場に売却したところ、1億円の値段がついたのです。この会社の年間の営業利益が1億2000万円ですから、年間利益の半分近くの固定資産売却益が出ることになりました。

BSの帳簿に表記されている資産の価格（帳簿の価格という意味で「**簿価**」）と、その時々に価格が変わる「**時価**」とでは、しばしば乖離《かいり》があります。ですから、その評価をうまく使っていくことで、BSでリターンを出すこともできるのです。

負ののれん代で稼いだRIZAP

このような「PBR1倍を切った会社」を買収し続け、そのあり方に疑問が出てきていることがニュースになったのがRIZAPグループです。一連の報道を見ていた人は、「**負ののれん**」という言葉を耳にしたのではないでしょうか。

これまでの説明の通り、会社の評価は、BSの資産価値とPLの収益力で評価されます。BSの捉え方も、PLの捉え方もさまざまでしたから、**純資産価格**（＝ぴったりPBR1倍）で買収することが基本的にない、ということはご理解いただけたかと思います。純資産価格より低ければPBR1倍以下ですし、高ければPBR1倍以上です。このPBRからズレた金額のことを「**のれん**（**営業権**）」代と言います。お店の「のれん（看板）」と同じような意味で、会社のブランドとか、超過収益力などと言われます。

通常のM&Aは、PBR1倍よりも高く値段がつきます。純資産価格に将来の利益を加味してもらえないと、売り手も売る意味がないからですね。中小企業の算定基準も、純資産＋営業利益

3年から5年分でした。この営業利益3年から5年分というのが「のれん」にあたります。

「のれん」というのは、買い手側のBSに表記されるもので、たとえば純資産100で、営業利益10×3年分の会社を130で買った場合、買い手側は130の現金を払って、現金を100の資産価値に変えることになります。売り手のBSに100とあるものを勝手に130には増額できないので、資産は株式という科目で100になります。そうすると、残りの30の勘定があってきませんので、「のれん（営業権）」という新しい資産をつくって、「のれん30」と表記することになります。

では、PBR1倍以下で買った場合はどうなるでしょうか。プラスとして評価される「のれん」を「**正ののれん**」とするのに対し、マイナス評価される「のれん」は「負ののれん」と呼びます。

先の例で言うと、純資産100の会社を80で買った場合（PBR0・8倍）、買い手側は80の現金を払って、現金を100の資産価値に変えたことになります。これも、売り手のBSに100とあるものを勝手に80に減額はできないので、資産は株式という科目で、そのまま100になります。残りの合わない勘定分であるマイナス20は、資産のマイナスですから、負債として「負のれん」を20として表記するのです。

会社の買収を続け、この「負ののれん」について最近話題になった企業こそ、RIZAPでした。同社は、2019年3月期の連結業績予想を修正し、159億円の黒字の予想から70億円の赤字に転落することを発表しました。何があったのでしょうか？

RIZAPは、過去2年半で経営状態の悪い赤字企業を含めて62社も買収し、子会社各社の経営状態が想定していたほどには回復せず、赤字に転落してしまいました。

M&Aした企業は、アパレル販売のジーンズメイト、生活雑貨販売のイデアインターナショナル、ゲームや音楽CD、映像ソフトの販売やレンタルを行うワンダーコーポレーション、北海道でボウリング場やゲームセンター、カラオケなどのアミューズメント施設を運営するSDエンターテイメント、フリーペーパーを出版するぱど、サンケイリビング新聞社、女性子供用衣料通販の夢展望、注文住宅のタツミプランニング、スポーツ用品店B&Dを運営するビーアンドディー、「週刊漫画ゴラク」を出版する日本文芸社など、幅広い業種に及びます。

以前、私がRIZAPのM&A担当者に聞いた際は、RIZAPのマーケティングノウハウを注入することで、割安に置かれている会社の企業価値を上げていくM&A戦略だ、と話していました。

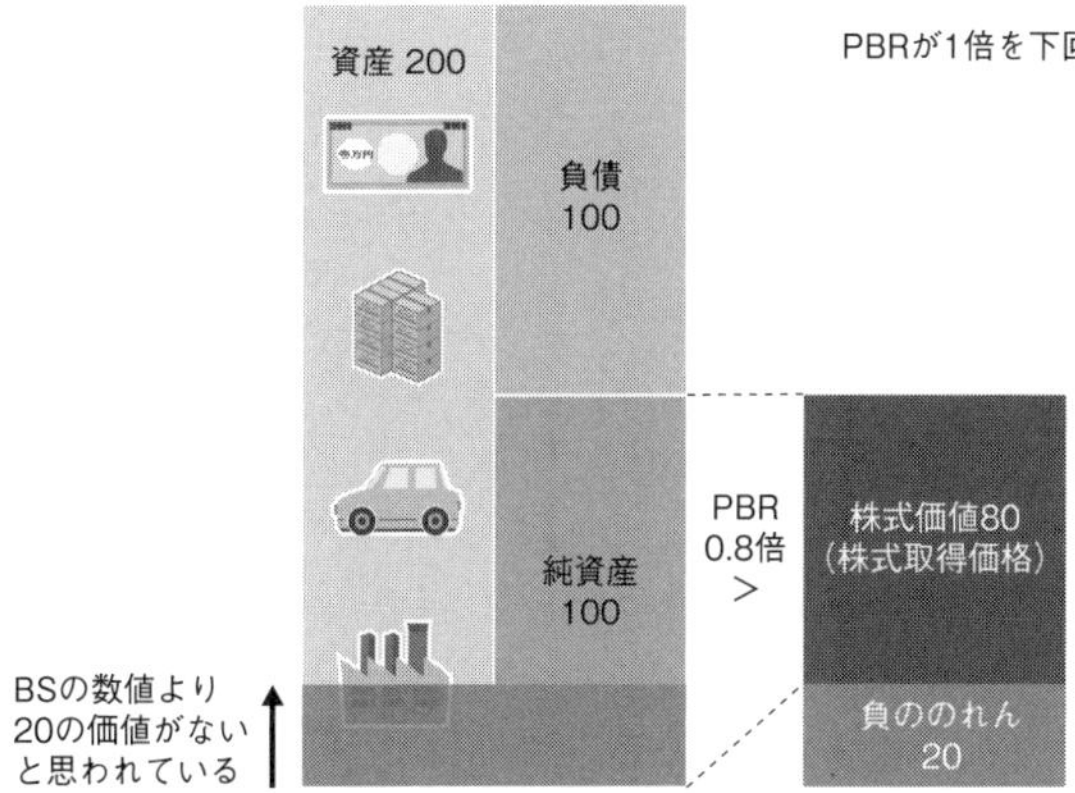

PBRが1倍を下回るケース

ＲＩＺＡＰは、もともとは健康コーポレーションという名称で、豆乳クッキーをインターネットで販売するビジネスを手がけていました。当時は、健康食品ブームが起こり、また、インターネットで物販をするのがまだ珍しい時代だったため株式上場までに至ったのですが、それから少し伸び悩む時期がありました。その後、「結果にコミット」でお馴染《なじ》みのテレビコマーシャルで急成長し、企業名もＲＩＺＡＰに変更したのです。

このような経緯から、ＲＩＺＡＰが昔から築き上げてきたノウハウは、マーケティングの手法なのです。インターネット物販の黎明《れいめい》期から積み重ねてきたＷｅｂマーケティングと、「結果にコミット」で得たマスマーケティングをひとつのパッケージとして別の事業にも植樹していけば大きく花開くだろう、と考えたのです。

そこで、テコ入れの効果が最大限発揮できて、投資リスクの低い、PBR1倍割れの企業も買収していきました。「のれん」がまったく評価されていない企業ですから、少しでも売上をあげて利益を出せるように持っていけば、株価が上昇する比率が変わります。これを「**マルチプルの妙**」と言います（207ページ図も参照）。

また、PBR1倍を切っているということは、清算価値より低いわけですから、理論的には最悪、解散すれば投資回収はできるということになります（しつこいですが、実務的にはそうではありません）。つまり、1の価値を1以下で買うわけですから、投資リスクという意味では「かなり低い」と言えます。

ただし、買収62社すべてにおいて、テコ入れによって再生できるグランドプランが描けていたのか、また、本当にそれだけの企業にきちんとテコ入れをできるだけのマンパワーがあったのか、疑問は残ります。

会社を買収するには、案件の発掘から始まり、投資検討先のデューデリジェンス、条件交渉、買収後の事業計画、実行、そして**PMI（Post Merger Integration：ポスト・マージャー・インテグレーション**＝M&A成立後の統合プロセスのこと）と、かなりの労力が必要です。我々投資ファンドの業界でも、一人の担当者が年に1件、投資実行すれば合格点が出るくらいの数です。

これに対しRIZAPは、年に30件もの買収を行っていたということですから、精鋭部隊が30人いてやっと回るくらいの件数とも言えます。でも、私が訪問した時に伺った話では、M&Aの専門部隊は片手くらいの人数しかいないということでしたから、少し無理があったのではないかと推察されます。

負ののれん代の逆回転

RIZAPが少し無理のあるM&Aを繰り返してしまった理由として挙げられているものこそ、「負ののれん代」でした。

正ののれんの場合は、建物などの資産と同様に、償却を行っていきます。第1章で見たように、コーヒーチケットと同じでしたね。最初に現金を払うものの、領収書をもらって費用に計上できるのは、コーヒーチケットを使って飲んだ時ごとでした。

会社を買う時も同様です。現金で会社を買収した場合、現金は株式と「のれん」という資産に変わり、のれんを使っている期間で均等に費用として計上していき、その分「のれん」という資産を減らしていきます。

「のれん」が会計の概念的な項目なので少し難しいかもしれませんが、先ほどの数字で説明します。

純資産100で、営業利益10の会社を3年分、130で買った場合、買い手側は130の現金を払って、現金を100の株式に変え、残りの30を「のれん（営業権）」という新しい資産として表記するのでした。

この30という資産は、買収された会社が利益をあげてくれるから、その将来利益分として資産価値を見出して、買収された会社の純資産に上乗せして買ったわけです。よって、買収された会社が利益を生むであろう期間に、均等に配分して費用計上していきます。

多くは5年くらいで償却していきますので、年に6がのれんの減価償却費として計上され、その分「のれん」の資産価値を減少させ、5年後には「のれん」がなくなります。

買収した側の企業としては、毎年6の償却費が計上されるのですが、買収された側の企業が6以上の利益を出してくれれば、グループでは毎年の利益は上乗せになります。また、5年経過してもなお、買収された会社が利益を出し続けてくれれば、その利益がそのままグループの利益として貢献《こうけん》してくれるようになるのです。

一方で、「負ののれん」の場合は、この逆のことが起こります。買った時は負債として計上され、毎年グループの利益として償却されていくのです。

仮にＰＢＲ１倍以下の会社でも、ＰＬ上は損を出していない会社だったらどうでしょうか。「負ののれん」の償却分はグループの利益になるわけで、会計テクニック的にやや利益が出るようになるのです。

日本の上場企業の約５割がＰＢＲ１倍以下で評価されており、そのうちには黒字企業もたくさん含まれています。このような会社を買い続ければ、理論的にはグループとして永遠に利益を出し続けることができることになります。

ただし、減価償却は、費用として計上するものの現金を支出しないものでした。「負ののれん」はその逆ですから、利益として計上するものの現金を得られることはありません。

純資産１００の会社を80の現金で買って、20の負ののれんを負債として計上します。20を５年で償却すれば、毎年４の利益が出ますから、買収された会社の利益がトントンであればグループの利益が４増えます。

もちろん、この４の利益は現金として手元に入ってきません。

５年後も買収された会社の利益がトントンなら、何も価値を生まない80の株式を持っているだけとなり、グループのＲＯＡが下がるだけなのです。それどころか、現金を生まないものは資産と言いませんから、アパレルの流行遅れの在庫同様に、資産価値を減らさなければいけません。

減損です。

もともと現金80だったものが株式80に変わっていました。現金を生まない会計上の利益である「負ののれん」の利益が20出たとしても、現金を支出して買った株式の80が10でも20でも減損されれば、(買収時の)現金支出をともなった損失ということになってしまうのです。

BSとPLに資金の流れも一体化した説明でしたから、やや難しいかと思いますが、全体として現金が増えそうにないことは、なんとなく理解ができると思います。

このような投資を62件も積み重ねたRIZAPは、前カルビー会長の松本晃氏が経営に参画したことで、「テコ入れができない会社が多い」と判断したのでしょう。体力のある今のうちに、現金を生みそうにない先は減損処理することを指示したのだと思います。それが、2019年3月期の連結最終損益(国際会計基準)で70億円の赤字見込みとなった理由だと思います。

マルチプルの妙がもたらす利益

純資産に対してどのくらいの株式価値になるのかが、**PBR(株価純資産倍率)**という指標でした。これと似たような指標に**PER(Price Earnings Ratio:株価収益率**＝株価を「1株あたり純利益」で割った値)があります。

いくらで評価して買うのか、もしくは、いくらで評価してもらって会社を買ってもらうかで、投資リターンは大きく変わります。この時、重要なのが「マルチプル（倍率）」の考え方です。本書の最後に、このマルチプルの威力と、有効に使う方法をお伝えしたいと思います。

いちばんわかりやすい「**PERマルチプル**」で考えていきましょう。

株式価値をその会社の最終利益の何年分と評価するか（継続力）、また、どのくらいの利益を生み出すかを評価する（爆発力）PERの考え方から、いずれにしても将来の利益を想像して株価が形成されることになります。

M&Aは「時間を買う」とよく言われます。ゼロから事業を立ち上げていくには時間がかかることから、将来収益を考慮して買収金額を決定するのです。売却する側からすれば、数年間の利益を一括でもらえることになり、まるでタイムマシーンに乗れるようなものです。

また、**IRR**や**割引率**の話を思い出してもらうと、その価値の高さがよりおわかりいただけるかと思います。**将来もらうお金より、今もらうお金のほうが価値は高い**のです。さらに言えば、将来の利益を一括購入してくれるといっても、会社も生き物ですから、将来の利益が確定しているわけでもなく、不確実性のある利益を一括購入してもらえることは、売り手からすれば嬉しい限りです。

マルチプルをどう評価するかは、その会社が生み出す利益の「継続力」や「爆発力」ですが、ビジネスモデルが同じであれば、だいたい同じような将来利益が期待できることから、それぞれの「業界水準」というものが存在します。

たとえば、ＰＥＲが20倍のビジネスモデルだった場合、最終利益が１０００万円だと2億円の価値になります。１２００万円だと２・４億円となり、売却価格に４０００万円も差が出てきます。年間の最終利益がたった２００万円違うだけで、です。一方で、ＰＥＲが5倍だと１０００万円の差にしかなりません。

これが「**マルチプルの妙**」です。

「継続力」や「爆発力」のあるビジネスモデルであればマルチプルが上がり、倍々ゲームのように売却価格が変わるというわけです。

投資した後に会社をバリューアップさせるうえでは、どのようにして高く評価してもらえるビジネスにつくり上げるかとの観点で動けば、より投資リターンが上がるということなのです。

弊社の投資先に、通常の注文住宅販売の会社がありました。業界的にはＰＥＲ7倍もつけばいいビジネスモデルです。

ここにＷｅｂマーケティングのノウハウを注入することで、ネットならではの爆発力あるビジネスモデルに変え、広く顧客へリーチできるようになって潜在顧客の母数を増やすことができました。継続力も爆発力も評価できる形へとバリューアップすることができたのです。

結果として、ＰＥＲ10倍ほどで「買いたい」という方が現れました。６０００万円ほどの最終利益が出る会社でしたから、ＰＥＲで３倍違えば、売却価格は１・８億円は上昇します。つまり、Ｗｅｂマーケティングのノウハウを注入した効果が１・８億円なのです。

もっと難易度の低いバリューアップで考えると、「従業員数を増やす」ことも大きなマルチプル増加の要素です。

２～３人で運営している会社と10人近い会社とで、「継続性」はどう判断されるでしょうか。もちろん、10人のほうが２～３人の会社より長く続くと考えられるでしょう。

あなたが社員２～３人の会社を買って、うまく売上をつくりながら従業員を増やしていき、10人の規模にできたとします。極論ですが、新しく入った７人の給与レベルの売上だけをあげれば、最終利益は変わりません。しかしＰＥＲは、従業員が安心できる数がいるということで倍になったとしたら、会社の売却価格も倍になるわけです（厳密には収益性が落ちますから、ＰＥＲ

も少し落ちます）。

実際に、**中小企業のM&A業界では、EBITDAが1億円を超えるのと超えないのとで、マルチプルが2倍違ってくる**と言われています。1億円以下の目安は3倍、1億円を超えると5倍以上に跳ね上がると言われているのです。

つまり、EBITDA０・９億円だと企業価値２・７億円が目安になるものの、１億円だと5億円が目安になるということです。EBITDAが０・１億円違うだけで、売却価格が２・３億円も変わる可能性があるのです。

「継続力」と「爆発力」を意識したテコ入れをしていけば、年間に創出する利益が同じでも売却価格が大きく変わる。そのことを頭に入れながら事業計画を考えていくことをおすすめします。

いかがでしたでしょうか。

本書では、前著に対して出た読者の疑問に答えながら、「会社を買う」ための会計の基礎知識についてお話ししました。前著と本書とで、あなたはサラリーマンから資本家へ、大きく一歩あゆみを進めたはずです。

もちろん、実際に会社を買うために動き出す人もいれば、学んだ知識を活かして自分の仕事をさらに磨くという人もいるでしょう。

「こうしなさい」と私が言うものではありませんが、行動が意識を変え、現実を変えていくことだけは確かです。ぜひ、あなたの人生にポジティブな行動が起こることを願ってやみません。

企画協力
阪上大葉（現代ビジネス）
嶺 竜一
村上 誠

三戸政和

株式会社日本創生投資代表取締役CEO。1978年兵庫県生まれ。同志社大学卒業後、2005年ソフトバンク・インベストメント(現SBIインベストメント)入社。ベンチャーキャピタリストとして日本やシンガポール、インドのファンドを担当し、ベンチャー投資や投資先にてM&A戦略、株式公開支援などを行う。2011年兵庫県議会議員に当選し、行政改革を推進。2014年地元の加古川市長選挙に出馬するも落選。2016年日本創生投資を投資予算30億円で創設し、中小企業に対する事業再生・事業承継に関するバイアウト投資を行っている。また、事業再生支援を行う株式会社中小事業活性の代表取締役副社長を務め、コンサルティング業務も行っている。著書には『サラリーマンは300万円で小さな会社を買いなさい』(講談社＋α新書)がある。
Twitterアカウント「@310JPN」

講談社＋α新書 789-2 C

サラリーマンは300万《まん》円《えん》で小《ちい》さな会《かい》社《しゃ》を買《か》いなさい　会《かい》計《けい》編《へん》

三《み》戸《と》政《まさ》和《かず》 ©Masakazu Mito 2019

2019年2月20日第1刷発行

発行者――渡瀬昌彦
発行所――株式会社 講談社
東京都文京区音羽2-12-21 〒112-8001
電話 編集(03)5395-3522
販売(03)5395-4415
業務(03)5395-3615

デザイン――鈴木成一デザイン室
カバー印刷――共同印刷株式会社
印刷――株式会社新藤慶昌堂
製本――牧製本印刷株式会社
本文データ制作――講談社デジタル製作
本文図版――朝日メディアインターナショナル株式会社

定価はカバーに表示してあります。

落丁本・乱丁本は購入書店名を明記のうえ、小社業務あてにお送りください。

送料は小社負担にてお取り替えします。

なお、この本の内容についてのお問い合わせは第一事業局企画部「＋α新書」あてにお願いいたします。

本書のコピー、スキャン、デジタル化等の無断複製は著作権法上での例外を除き禁じられています。本書を代行業者等の第三者に依頼してスキャンやデジタル化することは、たとえ個人や家庭内の利用でも著作権法違反です。

Printed in Japan
ISBN978-4-06-515073-3

講談社＋α新書

経団連と増税政治家が壊す 本当は世界一の日本経済
上念 司
企業の抱え込む内部留保450兆円が動き出す。デフレ解消の今、もうすぐ給料は必ず上がる!!
860円 744-3 C

考える力をつける本
畑村洋太郎
企画にも問題解決にも。失敗学・創造学の第一人者が教える誰でも身につけられる知的生産術
840円 746-1 C

世界大変動と日本の復活 竹中教授の２０２０年・日本大転換プラン
竹中平蔵
アベノミクスの目標＝ＧＤＰ６００兆円はこうすれば達成できる。最強経済への４大成長戦略
840円 747-1 C

この制御不能な時代を生き抜く経済学
竹中平蔵
２０２1年、大きな試練が日本を襲う。私たちに備えはあるか？ 米国発金融異変など危機突破の6戦略
840円 747-2 C

ビジネスＺＥＮ入門
松山大耕
ジョブズを始めとした世界のビジネスリーダーがたしなむ「禅」が、あなたにも役立ちます！
840円 748-1 C

グーグルを驚愕させた日本人の知らないニッポン企業
山川博功
取引先は世界一二〇ヵ国以上、社員の三分の一は外国人。小さな超グローバル企業の快進撃！
840円 749-1 C

力を引き出す 「ゆとり世代」の伸ばし方
原 晋 原田曜平
青学陸上部を強豪校に育てあげた名将と、若者研究の第一人者が語るゆとり世代を育てる技術
800円 750-1 C

台湾で見つけた、日本人が忘れた「日本」
村串栄一
激動する〝国〟台湾には、日本人が忘れた歴史がいまも息づいていた。読めば行きたくなるルポ
840円 751-1 C

不死身のひと 脳梗塞、がん、心臓病から15回生還した男
村串栄一
がん12回、脳梗塞、腎臓病、心房細動、心房粗動、胃三分の二切除……満身創痍でもしぶとく生きる！
840円 751-2 B

欧州危機と反グローバリズム 破綻と分断の現場を歩く
星野眞三雄
英国ＥＵ離脱とトランプ現象に共通するものは何か？ ＥＵ26ヵ国を取材した記者の緊急報告
860円 753-1 C

儒教に支配された中国人と韓国人の悲劇
ケント・ギルバート
「私はアメリカ人だから断言できる!! 日本人と中国・韓国人は全くの別物だ」——警告の書
840円 754-1 C

表示価格はすべて本体価格（税別）です。本体価格は変更することがあります

講談社+α新書

- **中華思想を妄信する中国人と韓国人の悲劇** ケント・ギルバート
  欧米が批難を始めた中国人と韓国人の中華思想。英国が国を挙げて追及する韓国の戦争犯罪とは　840円 754-2 C

- **日本人だけが知らない砂漠のグローバル大国UAE** 加茂佳彦
  なぜ世界のビジネスマン、投資家、技術者はUAEに向かうのか？ 答えはオイルマネー以外にあった！　840円 756-1 C

- **金正恩の核が北朝鮮を滅ぼす日** 牧野愛博
  格段に上がった脅威レベル、荒廃する社会。危険過ぎる隣人を裸にする、ソウル支局長の報告　860円 757-1 C

- **おどろきの金沢** 秋元雄史
  伝統対現代のバトル、金沢旦那衆の遊びっぷり。よそ者が10年住んでわかった、本当の魅力　860円 758-1 C

- **「ミヤネ屋」の秘密** 大阪発の報道番組が全国人気になった理由　春川正明
  なぜ、関西ローカルの報道番組が全国区人気になったのか。その躍進の秘訣を明らかにする　840円 759-1 C

- **一生モノの英語力を身につけるたったひとつの学習法** 澤井康佑
  「英語の達人」たちもこの道を通ってきた。読解から作文、会話まで。鉄板の学習法を紹介　840円 760-1 C

- **茨城 vs. 群馬** 北関東死闘編　全国都道府県調査隊 編
  都道府県魅力度調査で毎年、熾烈な最下位争いを繰りひろげてきた両者がついに激突する！　780円 761-1 C

- **ポピュリズムと欧州動乱** フランスはEU崩壊の引き金を引くのか　国末憲人
  ポピュリズムの行方とは。反EUとロシアとの連携。ルペンの台頭が示すフランスと欧州の変質　860円 763-1 C

- **脂肪と疲労をためるジェットコースター血糖の恐怖** 人生が変わる一週間断糖プログラム　麻生れいみ
  ねむけ、だるさ、肥満は「血糖値乱高下」が諸悪の根源！ 寿命も延びる血糖値ゆるやか食事法　840円 764-1 B

- **超高齢社会だから急成長する日本経済** 2030年にGDP700兆円のニッポン　鈴木将之
  旅行、グルメ、住宅…新高齢者は1000兆円の金融資産を遣って逝く↓高齢社会だから成長　840円 765-1 C

- 歯は治療してはいけない！ **あなたの人生を変える歯の新常識** 田北行宏
  歯が健康なら生涯で3000万円以上得!? 認知症や糖尿病も改善する実践的予防法を伝授！　840円 766-1 B

表示価格はすべて本体価格（税別）です。本体価格は変更することがあります

講談社+α新書

50歳からは「筋トレ」してはいけない 何歳でも動けるからだをつくる「骨呼吸エクササイズ」
勇﨑賀雄
人のからだの基本は筋肉ではなく骨。日常的に骨を鍛え若々しいからだを保つエクササイズ
880円 767-1 B

定年前にはじめる生前整理 人生後半が変わる4ステップ
古堅純子
「老後でいい！」と思ったら大間違い！ 今やると身も心もラクになる正しい生前整理の手順
800円 768-1 C

日本人が忘れた日本人の本質
山折哲雄 髙山文彦
「天皇退位問題」から「シン・ゴジラ」まで、宗教学者と作家が語る新しい「日本人原論」
860円 769-1 C

ふりがな付 山中伸弥先生に、人生とiPS細胞について聞いてみた
山中伸弥 聞き手・緑 慎也
テレビで紹介され大反響！ やさしい語り口で親子で読める、ノーベル賞受賞後初にして唯一の自伝
800円 770-1 B

結局、勝ち続けるアメリカ経済 一人負けする中国経済
武者陵司
2020年に日経平均4万円突破もある順風!! トランプ政権の中国封じ込めで変わる世界経済
840円 771-1 C

仕事消滅 AIの時代を生き抜くために、いま私たちにできること
鈴木貴博
人工知能で人間の大半は失業する。肉体労働でなく頭脳労働の職場で。それはどんな未来か？
840円 772-1 C

格差と階級の未来 超富裕層と新下流層しかいなくなる世界の生き抜き方
鈴木貴博
AIによる「仕事消滅」と「中流層消滅」から脱出する方法。誰もが資本家になる逆転の発想！
860円 772-2 C

病気を遠ざける！1日1回日光浴 日本人は知らないビタミンDの実力
斎藤糧三
紫外線はすごい！ アレルギーも癌も逃げ出す！ 驚きの免疫調整作用が最新研究で解明された
800円 773-1 B

ふしぎな総合商社
小林敬幸
名前はみんな知っていても、実際に何をしている会社か誰も知らない総合商社のホントの姿
840円 774-1 C

日本の正しい未来 世界一豊かになる条件
村上尚己
デフレは人の価値まで下落させる。成長不要論が日本をダメにする。経済の基本認識が激変！
800円 775-1 C

上海の中国人、安倍総理はみんな嫌いだけど8割は日本文化中毒！
山下智博
中国で一番有名な日本人——動画再生10億回!!「ネットを通じて中国人は日本化されている」
860円 776-1 C

表示価格はすべて本体価格（税別）です。本体価格は変更することがあります

講談社+α新書

戸籍アパルトヘイト国家・中国の崩壊　川島博之
9億人の貧農と3隻の空母が殺す中国経済……歴史はまた繰り返し、2020年に国家分裂!!
860円 777-1 C

習近平のデジタル文化大革命 24時間を監視され全人生を支配される中国人の悲劇　川島博之
ヒトラーと化す習近平……その断末魔の叫び!! 共産党の崩壊は必至!! 民衆の反撃を殺すため
840円 777-2 C

知っているようで知らない夏目漱石　出口汪
生誕150年に贈る文豪入門の決定版! きっかけがなければ、なかなか手に取らない、
900円 778-1 C

働く人の養生訓 あなたの体と心を軽やかにする習慣　若林理砂
現代人の悩みをスッキリ解決する健康バイブル だるい、疲れがとれない、うつっぽい。そんな
840円 779-1 B

認知症 専門医が教える最新事情　伊東大介
賞の臨床医が真の予防と治療法をアドバイス 正しい選択のために、日本認知症学会学会賞受
840円 780-1 B

工作員・西郷隆盛 謀略の幕末維新史　倉山満
明治維新150年に明かされる新たな西郷像! 「大河ドラマ」では決して描かれない陰の貌。
840円 781-1 C

2時間でわかる政治経済のルール　倉山満
ランス……ニュースの真相はこうだったのか! 消費増税、憲法改正、流動する外交のパワーバ
860円 781-2 C

「よく見える目」をあきらめない 遠視・近視・白内障の最新医療　荒井宏幸
60代でも8割がメガネいらずに! 劇的に進化している老眼、白内障治療。50代、
860円 783-1 B

野球エリート 野球選手の人生は13歳で決まる　赤坂英一
る新怪物候補の秘密は中学時代の育成にあった 根尾昂、石川昂弥、高松屋翔音……次々登場す
840円 784-1 D

NYとワシントンのアメリカ人がクスリと笑う日本人の洋服と仕草　安積陽子
の足元はローファー…日本人の変な洋装を正す マティス国防長官と会談した安倍総理のスーツ
860円 785-1 D

医者には絶対書けない幸せな死に方　たくきよしみつ
方。お金の問題……。後悔しないためのヒント 「看取り医」の選び方、「死に場所」の見つけ
840円 786-1 B

表示価格はすべて本体価格（税別）です。本体価格は変更することがあります

講談社+α新書

書名	著者	内容	価格	番号
もう初対面でも会話に困らない！ 口ベタのための「話し方」「聞き方」	佐野剛平	『ラジオ深夜便』の名インタビュアーが教える、自分も相手も「心地よい」会話のヒント	800円	787-1 A
人は死ぬまで結婚できる 晩婚時代の幸せのつかみ方	大宮冬洋	80人以上の「晩婚さん」夫婦の取材から見えてきた、幸せ、課題、婚活ノウハウを伝える	840円	788-1 A
サラリーマンは300万円で小さな会社を買いなさい 人生100年時代の個人M&A入門	三戸政和	脱サラ・定年で飲食業や起業に手を出すと地獄が待っている。個人M&Aで資本家になろう！	840円	789-1 C
サラリーマンは300万円で小さな会社を買いなさい 会計編	三戸政和	サラリーマンは会社を買って「奴隷」から「資本家」へ。決定版バイブル第2弾、「会計」編！	860円	789-2 C
名古屋円頓寺《えんどうじ》商店街の奇跡	山口あゆみ	「野良猫さえ歩いていない」シャッター通りに人波が押し寄せた！ 空き店舗再生の逆転劇！	800円	790-1 C
少子高齢化でも老後不安ゼロ シンガポールで見た日本の未来理想図	花輪陽子	日本を救う小国の知恵。1億総活躍社会、経済成長率3・5%、賢い国家戦略から学ぶこと	860円	791-1 C
マツダがBMWを超える日 クールジャパンからプレミアムジャパン・ブランド戦略へ	山崎明	日本企業は薄利多売の固定観念を捨てなさい。新プレミアム戦略で日本企業は必ず復活する！	880円	792-1 C
知っている人だけが勝つ 仮想通貨の新ルール	小島寛明＋ビジネスインサイダージャパン取材班	仮想通貨は日本経済復活の最後のチャンスだ。この大きな波に乗り遅れてはいけない	840円	793-1 C
夫婦という他人	下重暁子	67万部突破『家族という病』、27万部突破『極上の孤独』に続く、人の世の根源を問う問題作	780円	794-1 A
AIで私の仕事はなくなりますか？	田原総一朗	グーグル、東大、トヨタ……「極端な文系人間」の著者が、最先端のAI研究者を連続取材！	860円	796-1 C
本社は田舎に限る	吉田基晴	徳島県美波町に本社を移したITベンチャー企業社長。全国注目の新しい仕事と生活スタイル	860円	797-1 C

表示価格はすべて本体価格（税別）です。本体価格は変更することがあります